Marcel Fratzscher
Geld oder Leben

MARCEL
FRATZSCHER

GELD ODER LEBEN

WIE UNSER IRRATIONALES VERHÄLTNIS
ZUM GELD DIE GESELLSCHAFT SPALTET

BERLIN VERLAG

Mehr über unsere Autorinnen, Autoren und Bücher:
www.berlinverlag.de

Von Marcel Fratzscher liegen im Berlin Verlag und bei Piper vor:
Die neue Aufklärung. Wirtschaft und Gesellschaft nach der Corona-Krise (2020)
Verteilungskampf. Warum Deutschland immer ungleicher wird (2017)

Unser Versprechen für mehr Nachhaltigkeit
• Klimaneutrales Produkt
• FSC®-zertifiziertes Papier
• Hergestellt in Deutschland

FSC www.fsc.org MIX Papier aus verantwortungsvollen Quellen FSC® C014496

ISBN 978-3-8270-1456-6

Satz: Fotosatz Amann, Memmingen
Gesetzt aus der Minion Pro
Druck und Bindung: GGP Media GmbH, Pößneck
Printed in Germany

»Die besten Dinge im Leben sind nicht die, die man für Geld bekommt.«

Albert Einstein

»Erst kommt das Fressen, dann kommt die Moral.«

Bertolt Brecht

INHALT

EINLEITUNG

Als die Menschen in Deutschland 2021 in einer repräsentativen Umfrage gefragt wurden, was sie sich für die Zukunft vornehmen, antworteten sie, dass sie vor allem mehr sparen wollen. Mehr zu sparen – so das Ergebnis der Umfrage –, ist mehr Menschen wichtig, als umweltbewusster zu leben, mehr Zeit mit Familie und Freunden zu verbringen oder regelmäßig zur gesundheitlichen Vorsorge zu gehen. Dabei haben wir fast nie zuvor so viel gespart wie während der Corona-Pandemie.

Es gibt hierzulande kaum ein emotionaleres Thema als Geld und Schulden. Wir unterscheiden uns dabei stark von anderen Nationen. Wir sparen nicht nur mehr, sondern anders, nehmen häufiger Gefahren für unser Geld wahr und lehnen Schulden so vehement ab wie kaum jemand anders auf der Welt. Die Vorstellung, Schulden seien schlecht und moralisch verwerflich und Sparen etwas Gutes, ist zu einer Grundüberzeugung und Teil unserer Identität geworden. Staat und Gesellschaft fördern das Sparen und schützen Vermögen und wollen den Bürgerinnen und Bürgern eine maximale Sicherheit und Schutz ihres Ersparten ermöglichen.

Mit viel Sexismus wird gern von den Tugenden der schwäbischen Hausfrau gesprochen, die niemals mehr ausgibt, als sie einnimmt, die Geld auf die hohe Kante legt und jeden Cent zweimal umdreht. Dieses Idealbild steht für einen Menschen, der durch harte Arbeit und Entbehrungen langsam und stetig Erspartes ansammelt und Vermögen aufbaut. Erst wenn dies gelungen ist, wird er oder sie das Geld für ein Eigenheim, für den Konsum oder in die Zukunft investieren.

Das Verhältnis von uns Deutschen zum Geld ist geprägt von Angst, Scham und Schuld. Wir haben große Angst vor einer Inflation und fürchten eine Enteignung durch die Geldentwertung. Für viele sind Geld und Moral eng miteinander verbunden, und ein tugendhaftes Leben gilt als eines, das von Bescheidenheit geprägt ist. Vermögen wird nicht nach außen getragen, aber nach dem Tod möglichst reichlich an die eigenen Kinder und Enkel weitergegeben.

Wir empfinden es als schamlos, wenn wir unser Geld und den damit verbundenen Erfolg zur Schau stellen. Und Schulden werden nicht selten mit Scheitern verbunden, in der Schuld anderer zu stehen und über die eigenen Verhältnisse zu leben.

Ganz anders ist es in vielen anderen Ländern, vor allem der angelsächsischen Welt. Hier wird ein tugendhaftes Leben mit einem offenen, selbstbewussten Umgang mit wirtschaftlichem Erfolg assoziiert. Und der schließt die Rückgabe eines großen Teils des Wohlstands an die Gesellschaft ein.

Der Schutz des Ersparten durch den Staat wird hierzulande als Teil eines impliziten Gesellschaftsvertrags verstanden. Viele halten es für ihr Grundrecht und die Pflicht des Staates, dass Sparen honoriert und belohnt wird. Die Tatsache, dass Sparerinnen und Sparer keine Zinsen mehr auf ihrem Sparbuch erhalten, wird von vielen als implizite Enteignung und Missbrauch wahrgenommen.

Die Empörung über die Nullzinsen, die für die meisten Spareinlagen gelten, ist daher groß. Und gleichzeitig ist die Angst vor einer steigenden Inflation enorm. Populisten in Politik und Medien haben leichtes Spiel, dem Euro, der Europäischen Zentralbank und Europa die Schuld dafür zu geben. Wir Deutschen werden um ein fundamentales Existenzrecht betrogen, so die weitverbreitete Auffassung.

Die zentrale These des Buches lautet: Unser Verhältnis zu Geld und Schulden ist geprägt von Widersprüchen und spaltet unsere Gesellschaft. Es führt dazu, dass Vermögen so ungleich verteilt sind wie in kaum einer anderen westlichen Gesellschaft und zunehmend weiter auseinanderklaffen. Viele Menschen haben so viel Angst um ihr Erspartes, dass sie falsche Sparentscheidungen treffen und einen Teil ihres Vermögens verlieren.

Hinzu kommt, dass den Bürgern noch immer das Versprechen vermittelt wird, der Sozialstaat würde ausreichend Vorsorge für alle betreiben. Für viele kommt das böse Erwachen erst spät, wenn sie realisieren, dass sie finanziell vom Sozialstaat abhängig sind und ihre finanzielle Autonomie verloren haben.

Woher kommt diese Moralvorstellung? Warum sind wir Deutschen so eigen und so anders in Bezug auf Geld und Schulden?

Eine der Ursachen liegt in der deutschen Geschichte begründet. Sie ist geprägt von zwei großen Geldentwertungen im 20. Jahrhundert sowie einer Phase der Deflation, die eine wichtige Rolle beim Aufstieg der Nazis gespielt hat. Genauso relevant sind die Folgen des Zweiten Weltkriegs und des Wiederaufbaus, um unser Verhältnis zum Geld zu verstehen. Auch Religion und die Werte des Protestantismus wie auch die politische Fragmentierung des Landes im 18. und 19. Jahrhundert spielen eine Rolle. Vor allem aber gab und gibt es immer wieder eine starke Politisierung des Sparens, wobei private Ersparnisse für politische Ziele mobilisiert und instrumentalisiert wurden und werden.

Das deutsche Weltbild in Bezug auf Geld und Sparen ist von Widersprüchen geprägt. Sparen auf dem Sparkonto ist zum Beispiel nur dann möglich, wenn jemand anders gewillt ist, das Ersparte als Kredit aufzunehmen. Sparen und Schulden sind also zwei Seiten derselben Medaille; dass alle sparen, ist logischerweise entsprechend nicht möglich.

Sparen ist also nicht immer richtig und moralisch gut, und Schulden sind nicht per se schlecht und verwerflich. Häufig trifft sogar das Gegenteil zu. Es kommt auf die richtige Balance zwischen Sparern und Schuldnern an, beide benötigen einander. Heute zu sparen, bedeutet einen Verzicht und weniger Wohlstand in der Gegenwart. Menschen sind nur dann gewillt, eine solche Entbehrung einzugehen, wenn sie sicher sein können, dieses Ersparte wachsen zu sehen und in der Zukunft nutzen zu können.

Daher spielt die Art der Verschuldung der anderen für die Sparerinnen und Sparer eine wichtige Rolle. Denn wenn Privatpersonen, Unternehmen oder der Staat dieses Ersparte umsichtig in die Zukunft investieren, entsteht nicht nur eine gute Rendite für die Sparer, sondern auch gesellschaftlicher Wohlstand mit neuen Arbeitsplätzen, produktiven Jobs und Schutz von Klima und Umwelt.

Eine weitere Inkonsistenz ist der weitverbreitete Glaube, Geld solle nicht mit Risiko verbunden sein. Das erklärt zu einem großen Maße, warum wir Deutschen zwar außergewöhnlich viel, aber auch außergewöhnlich schlecht sparen. Viele halten das Sparen in Aktien für ein Spiel in der Lotterie. Sie haben Angst vor Schulden und erwerben deshalb kein Eigenheim oder können es sich schlichtweg nicht leisten.

In kaum einem anderen Land der Welt liegt ein so großer Anteil des Ersparten eines erheblichen Teils der Bevölkerung in Form von Spareinlagen auf Bankkonten, die seit Jahren keine Zinsen mehr abwerfen. Während Eigentümer von Immobilien oder Aktien in den vergangenen zehn Jahren jährliche Renditen von über zehn Prozent erzielen und viel zusätzliches Vermögen aufbauen konnten, ist das Ersparte auf den Sparkonten nicht gewachsen, sondern real nach Inflation sogar geschrumpft.

Hinzu kommt die Illusion, dass Menschen durch harte Arbeit ihres eigenen Glückes Schmied sind und selbst Vermögen aufbauen könnten. Das trifft auf immer weniger Menschen in Deutschland zu, denn kaum ein Land hat einen so großen Niedriglohnsektor und so viele Haushalte, die auf staatliche Leistungen angewiesen sind. Mieten und Lebenshaltungskosten sind in vielen Städten noch stärker angestiegen als die Löhne. Zahlreiche Menschen benötigen ihr komplettes monatliches Einkommen für das tägliche Leben.

Wenn Sie heute Menschen mit größeren Vermögen begegnen, dann ist die Wahrscheinlichkeit größer, dass sie das Vermögen geerbt, als dass sie es mit eigenen Händen erarbeitet haben. Denn mehr als die Hälfte aller privaten Vermögen heute – dazu gehören finanzielle Ersparnisse, Aktien, Immobilien oder Unternehmensanteile – sind durch Erbschaften oder Schenkungen erzielt worden.

Nur ein kleiner Teil der Bürgerinnen und Bürger erbt dabei ein erhebliches Vermögen, sodass Erbschaften und Schenkungen die Ungleichheit vergrößern. Denn in Deutschland ist die soziale Mobilität gering. Und auch Einkommen und Bildung der Kinder hängen deutlich stärker von den Eltern ab als in anderen vergleichbaren Ländern.

Kaum ein Land der Welt besteuert Arbeit stärker und Vermögen geringer. Im Vergleich zu anderen Ländern wie Frankreich, Großbritannien oder den USA erzielt Deutschland kaum ein Drittel an Steuereinnahmen aus Vermögen. Das Steuersystem eines Landes spiegelt immer auch die grundlegenden Moralvorstellungen der Gesellschaft wider. Was sagt es über unsere Gesellschaft, dass kaum ein Land Arbeit noch stärker besteuert und Vermögen noch privilegierter behandelt?

Das Resultat ist, dass in kaum einem anderen Land in Europa eine höhere Ungleichheit von Vermögen und Ersparnissen existiert als in Deutschland. 40 Prozent der Deutschen haben praktisch kein Erspartes und verlassen sich auf die Versprechen des Staates. In fast keinem Industrieland hat ein so großer Teil der Menschen so wenig an Erspartem und ist somit so stark abhängig vom Sozialstaat. Deutschland hat einen starken Sozialstaat, wie dies in kaum einem anderen Land der Welt der Fall ist. Manche Menschen mögen sich in ihrem Spar- und Konsumverhalten auf einen starken Sozialstaat verlassen, aber viele können schlichtweg nicht sparen, um Vermögen aufbauen und Vorsorge betreiben zu können.

Und: Geld allein macht nicht glücklich. Gesundheit, eine intakte Umwelt, sozialer Friede und gesellschaftlicher Zusammenhalt, gute und erfüllende Arbeit, Autonomie und Freiheit sowie viele andere Dinge, die ein zufriedenes Leben und eine erfolgreiche Gesellschaft ausmachen, werden nicht durch hohe Ersparnisse und eine Verteufelung von Schulden per se erreicht. Ganz im Gegenteil. Deutschland steht heute an einem Wendepunkt. Zukunftsinvestitionen in den Schutz von Klima und Umwelt, in die wirtschaftliche Transformation und die soziale Erneuerung unserer Gesellschaftsstrukturen sind wichtiger denn je. Sie erfordern, dass sich der Staat mittelfristig bei seinen Bürgerinnen und Bürgern stärker verschuldet, um diese

Aufgaben erfüllen und Schulden auch langfristig besser bedienen zu können.

Dieses Bewusstsein sollte sich in unserem Gesellschaftsvertrag widerspiegeln. Im gesellschaftlichen Dialog sollte es nicht um die Frage der heutigen Schulden und Schuld gehen, sondern darum, wie das viele Vermögen und der enorme Wohlstand genutzt werden können, um gesellschaftliche Ziele zu erreichen und den legitimen Ansprüchen künftiger Generationen gerecht zu werden. Zukunftsinvestitionen in Klimaschutz, wirtschaftliche Transformation und soziale Erneuerung sind Teil einer solchen Generationengerechtigkeit.

Seit zwanzig Jahren arbeite und forsche ich zu Geld, Geldpolitik und Finanzpolitik. Über zehn Jahre habe ich für die Europäische Zentralbank (EZB) gearbeitet und war während dieser Tätigkeit viel in der Welt unterwegs, um die Positionen Europas zu vertreten und zu erklären. Immer wieder bin ich dabei mit großer Verwunderung auf das ungewöhnliche Verhältnis von uns Deutschen zu Geld und Schulden angesprochen worden. Immer wieder war die Frage, warum wir Deutschen denn so anders sind. Und immer wieder war meine Reaktion als Mensch und Bürger, unser Verhalten zu erklären und sogar zu verteidigen – obwohl es keiner Rechtfertigung von Werten und Identität bedarf.

Als Experte und Wissenschaftler habe ich mich mit dieser Erklärung schwergetan, zu komplex und stark schienen die Widersprüche. Dieses Buch ist ein Versuch, unser Verhältnis zu Geld und Schulden, zu Zinsen und Inflation und deren Rolle in unserer Gesellschaft zu verstehen. Der Ursprung von Werten und Identitäten mag schwer zu erklären sein. Die Konsequenzen dagegen sind offensichtlich, und sie sind ein ernsthaftes Problem für unsere Wirtschaft und unsere Gesellschaft.

Die gute Botschaft ist: Es gibt längst Lösungen für die Ängste und Sorgen, die die Menschen bewegen, sie sind nur nicht bekannt genug. Ein wichtiges Anliegen dieses Buches ist, das zu ändern. Es soll helfen, uns bewusst zu machen, was wirklich wichtig ist im Leben, und besser Vorsorge zu betreiben. Dafür sind eine bessere finanzielle Bildung und eine Umgestaltung der Sozialsysteme und des Arbeitsmarktes unabdingbar. Dies gibt uns mehr Autonomie, Freiheit und Eigenverantwortung. Das Steuersystem muss sich grundlegend wandeln, um bestehende Asymmetrien und Nachteile vor allem für die Schwächsten zu beheben. Nur dadurch kann eine Verteilung von Geld und Vermögen ermöglicht werden, die von der Gesellschaft als gerecht und fair empfunden wird.

Wir als Gesellschaft benötigen einen rationalen Diskurs über Geld und dessen Bedeutung für jeden Einzelnen und für uns als Gesellschaft. Wir müssen aufräumen mit den falschen Mythen und moralischen Fehlurteilen über den Umgang mit Geld in der Wirtschaft und in der Gesellschaft. Denn Geld an sich hat keinen gesellschaftlichen, wirtschaftlichen oder moralischen Wert, sondern nur die Dinge, die durch den klugen Einsatz von Geld möglich gemacht werden.

1.

DIE MORAL VOM GUTEN SPAREN

Wir Deutschen gefallen uns in der Rolle des Sparweltmeisters. Stolz betrachten wir uns als Land, in dem die Menschen gern und viel sparen. Wir legen Geld auf die Seite, um bescheidenen oder großen Wohlstand anzuhäufen, uns gegen Notfälle abzusichern oder fürs Alter vorzusorgen. Sparsamkeit gilt als Tugend, die Kinder schon von klein auf lernen sollen.

Das Bild solch moralisch vorbildlichen Verhaltens gipfelt – gern mit sexistischen Anklängen – im Ideal der viel zitierten schwäbischen Hausfrau. Sie dreht jeden Euro zweimal um. Sie hasst Verschwendung und überflüssige Ausgaben, sichert ihr Geld doppelt und dreifach gegen Risiken ab. Anschaffungen oder Investitionen tätigt sie nur nach gründlicher Abwägung und – wenn ausreichend Geld vorhanden ist. Denn Kontoguthaben sind gut, und Schulden sind schlecht.

Im internationalen Vergleich blicken wir deshalb misstrauisch und mit erhobenen Augenbrauen auf anders funktionierende Nachbarländer im Süden, die wir angesichts ihrer Staatsschulden als spendierfreudig, zügellos oder maßlos betrachten. Haushaltsdisziplin ist uns ein hohes Gut und ein Zeichen von Weisheit.

Dabei handeln wir nicht unbedingt egoistisch, sondern meinen häufig, unser Verzicht sei verantwortungsbewusst oder gar selbstlos. Wir wollen den Kindern keine Schulden hinterlassen, sondern etwas ansparen, damit sie es »einmal besser«, zumindest aber »einen guten Start ins Leben« haben. Wer spart, soll aber auch belohnt werden. Hohe Zinsen halten wir deshalb nicht nur für gut und richtig, sondern – wenn man der öffentlichen Debatte folgt – für ein Bürgerrecht; Niedrigzinsen empfinden wir als Enteignung.

So weit die Theorie des Selbstbilds. Aber – stimmt das auch? Sind wir Deutschen wirklich so? Sparen wir mehr und klüger als andere? Und sind wir und unsere Kinder tatsächlich so gut für die Zukunft abgesichert? Die Fakten zeigen ein anderes Bild.

Aber erst einmal zu den Definitionen von Geld und Vermögen. Der Begriff Geld umfasst sowohl Bargeld (Münzen und Scheine) als auch Zentralbankgeld und Giralgeld im Bankensystem. Es erfüllt drei Grundfunktionen: als Recheneinheit, um den gängigen Wert von Gütern und Dienstleistungen vergleichbar und messbar zu machen; die Funktion der Wertaufbewahrung, sodass der Wert der Geldeinheiten über die Zeit stabil bleibt; und schließlich die Funktion als Tauschmittel, was eine hohe Akzeptanz und Vertrauen in eine Einheit als Geld voraussetzt.

Der Begriff des privaten Vermögens ist deutlich breiter und enthält sowohl Geld als auch andere Werte wie Immobilien, Finanzvermögen (Aktien und Anleihen), Lebensversicherungen, Betriebsvermögen und langfristige Konsumgüter wie Autos. Der Begriff »Vermögen« beinhaltet, dass ein Wert relativ leicht in Geld umgewandelt werden kann. Es erfüllt daher die Funktion der Liquidität (auch wenn diese sehr unterschiedlich über Vermögenswerte verteilt ist). Das bedeutet beispielsweise, dass sogenannte Kryptowährungen nicht wirklich Geld sind, auch wenn sie die Eigenschaften von Vermögen erfüllen mögen.

Wieso spielt Sparen eine so große und identitätsstiftende Rolle in unserer Gesellschaft? Warum reicht es uns nicht, hart zu arbeiten und die Früchte dieser Arbeit hier und heute zu genießen oder zu investieren? Warum wollen wir sie für eine ungewisse Zukunft »aufsparen«? Und wieso werden Schulden und Schuldner so kritisch gesehen? Warum ist unser Sparverhalten im internationalen Vergleich so ungewöhnlich?

Was wir glauben – Die Wahrnehmungslücke

Eine Frage an Sie als Leserin oder Leser: Was schätzen Sie, wie ist das private Vermögen in Deutschland verteilt? Wie hoch ist der Anteil des gesamten privaten Nettovermögens, den die 40 Prozent der Menschen mit den geringsten Vermögen haben? Ist es nahe 40 Prozent? Dann wäre das Vermögen nahezu gleich verteilt. Oder ist es geringer, und um wie viel genau?

Nettovermögen bedeutet, dass von den Vermögen die Verbindlichkeiten abgezogen werden. Dies können Konsumentenkredite für das Auto sein oder die Hypothek für die Wohnung oder das Haus. Dieses Nettovermögen ist für viele Menschen wichtig, nicht nur, um einen Kredit von der Bank für dringend benötigte Ausgaben erhalten zu können, sondern auch für die Vorsorge im Alter.

Umfragen zufolge schätzen wir Deutschen im Durchschnitt, dass die 40 Prozent mit den geringsten Vermögen knapp zehn Prozent des gesamten privaten Nettovermögens in unserem Land halten. Die Wahrheit ist jedoch ganz anders: Die unteren 40 Prozent haben lediglich ein Prozent des gesamten privaten

Nettovermögens. Mehr als zehn Prozent der Deutschen sind sogar netto verschuldet, haben mehr Verbindlichkeiten als Vermögenswerte.

Pfandleihen haben Hochkonjunktur, da Menschen ihr Handy oder das Erbstück der Oma in dringend benötigtes Geld eintauschen in der Hoffnung, es in den kommenden Monaten irgendwie wieder auslösen zu können. Oft entpuppt sich die erhoffte Überbrückung jedoch als dauerhafter Verkauf – nicht immer zu den besten Konditionen.

Auch Privatinsolvenzen und Zwangspfändungen sind immer häufiger an der Tagesordnung. Und dann gibt es viele, die zwar nicht mit Schulden kämpfen, aber mit ihrem Geld gerade so über die Runden kommen. Es reicht gerade, um die Ausgaben zu bestreiten, es bleibt aber nichts übrig, was zur Seite gelegt werden kann. Den Lebensunterhalt zu bestreiten, verschlingt jeden Euro.

Eine Wahrnehmungslücke beschreibt die Kluft zwischen dem, was ist, und dem, was wir glauben, wie es ist. Diese Wahrnehmungslücke ist in Bezug auf Vermögen besonders groß. Die allermeisten von uns realisieren nicht, dass fast 40 Prozent der Deutschen praktisch keine Vermögen haben, und noch weniger, was das bedeutet.

Wir überschätzen aber nicht nur die finanzielle Lage der Menschen am unteren Ende der Vermögensskala. Wir haben auch Schwierigkeiten, unsere eigene Position richtig einzuordnen: 83 Prozent der Deutschen glauben, sie gehören zur ärmeren Hälfte der Bevölkerung, also zu der Hälfte, die weniger Vermögen hat als die andere Hälfte. Nur 17 Prozent nehmen korrekt wahr, dass sie zur reicheren Hälfte gehören. Vielleicht wollen es einige auch nicht realisieren, denn Reichtum wird generell in unserer Gesellschaft mit einem gehörigen Stück Skepsis gesehen. Nicht nur der CDU-Politiker Friedrich Merz, sondern viele mit sehr hohen Einkommen würden sich selbst gerne als Teil der Mittelschicht sehen. Aber was wir wohl alle gemeinsam haben: Wir realisieren nicht, wie wenig Erspartes viele Menschen haben.

Was wir wollen – Die Gerechtigkeitslücke

Hinzu kommt eine Gerechtigkeitslücke: Die Menschen wünschen sich und sehen es als gerecht an, dass die ärmsten 40 Prozent der Bevölkerung ein Viertel, also 25 Prozent aller Nettovermögen besitzen sollten. Sie schätzen zehn Prozent und wünschen sich 25 Prozent. Damit ist die geschätzte Wahrnehmungslücke 2,5-mal größer als die gewünschte. Diese reale Gerechtigkeitslücke ist jedoch 25-mal so groß wie die gewünschte: Ein Viertel aller Vermögen sollten bei den ärmeren 40 Prozent der Bevölkerung liegen. In der Realität hat dieser große Bevölkerungsteil jedoch nur knapp ein Prozent.

Was empfinden wir Deutschen in Bezug auf die Verteilung von Einkommen und Vermögen als gerecht? Viele Diskussionen zu dieser Frage sind von Anfang an zum Scheitern verurteilt, weil die Diskutanten ein vollkommen unterschiedliches Verständnis von diesem Konzept haben. Den einen geht es um die Gleichheit von Einkommen und Vermögen (Gleichheitsprinzip); den anderen darum, dass die unterschiedlichen Ansprüche einzelner Gruppen und Individuen befriedigt werden (Anspruchsprinzip). Wiederum andere verbinden Gerechtigkeit mit der Frage, ob Menschen für ihre gesellschaftliche Leistung belohnt werden (Leistungsprinzip) oder ob Menschen ihre Grundbedürfnisse decken können (Bedarfsprinzip).

Oftmals wird die Frage der »Spaltung der Gesellschaft« auch an einer Diskussion über diese Fragen festgemacht. Die positive Botschaft ist: Laut einer Studie meiner DIW-Berlin-Kolleginnen und -Kollegen sind wir uns über Parteigrenzen, Alter und Status hinweg ungewöhnlich einig, worum es uns bei Gerechtigkeit geht: um Leistung und um Bedürfnisse. Eine gerechte Gesellschaft ist für den Großteil der Deutschen also eine, in der Leistung honoriert wird und gleichzeitig alle Menschen ihre Grundbedürfnisse befriedigen können. Dagegen spielen Gleichheit und Ansprüche eine deutlich untergeordnete Rolle.

Und dennoch zeigen Umfragen – unter anderem des Statistischen Bundesamtes – immer wieder: Die Mehrheit in unserem Land empfindet die Gesellschaft als ungerecht oder sehr ungerecht. Manche behaupten, solche Umfragen seien falsch oder die Menschen seien verwöhnt, da es Deutschland wirtschaftlich so gut geht wie selten in den vergangenen vierzig Jahren. Und schließlich sagt die Mehrheit der Deutschen, es gehe ihnen selbst wirtschaftlich gut.

Beides, dass Deutschland derzeit wirtschaftlich gut dasteht und dass viele die eigene Lage positiv beurteilen, ist richtig. Es ist jedoch auch kein Widerspruch, dass es einem persönlich gut geht, man aber gleichzeitig die Gesellschaft als ungerecht empfindet. Es zeigt vielmehr, dass vielen Deutschen Solidarität wichtig ist. Sie wollen in einer Gesellschaft leben, in der es nicht nur ihnen selbst, sondern allen einigermaßen gut geht und in der Leistung honoriert wird.

Um in der Gerechtigkeitsdebatte voranzukommen, müssen wir uns also den Fragen widmen, was Leistung ist und wer die viel beschworenen Leistungsträger unserer Gesellschaft sind. Sind es die Besserverdiener, deren hohe Einkommen in den vergangenen zwanzig Jahren noch mal deutlich nach oben geklettert sind – die daher einen hohen und steigenden Anteil aller Steuern zahlen? Oder sind es der Altenpfleger und die Kita-Erzieherin, die trotz eines vergleichsweise geringen Einkommens und erheblicher körperlicher und psychischer Belastung wichtige, unverzichtbare und verantwortungsvolle Aufgaben für unsere Gesellschaft übernehmen?

In Deutschland arbeiten heute 20 Prozent aller Beschäftigten im Niedriglohnbereich. Dieser Anteil ist fast doppelt so groß wie in Frankreich oder Skandinavien. Und weiterhin erhalten Frauen in Deutschland 21 Prozent weniger Lohn für ihre Arbeit als Männer. Auch diese Lohnlücke ist hierzulande deutlich größer als in den meisten anderen europäischen Ländern. Heißt das folglich, dass der Anteil der »Minderleister« in Deutschland doppelt so hoch ist wie in anderen Ländern? Oder dass Frauen in Deutschland eben deutlich weniger leisten als in anderen Ländern? Oder ist es so, dass ihre Leistung nicht angemessen honoriert wird?

Besonders oft trifft auf Frauen, wer der Frage nachgeht, welche Menschen in Deutschland Schwierigkeiten haben, die Grundbedürfnisse ihres Lebens zu decken – also einem Armutsrisiko ausgesetzt sind. Sehr oft sind es Frauen mit Kindern. Mehr als jede und jeder vierte Alleinerziehende, meist Mütter, ist von Armut bedroht – deutlich mehr als in mit Deutschland vergleichbaren Ländern. Tendenz steigend. Darüber hinaus sind es vor allem alleinstehende Frauen, denen Altersarmut droht. Das Armutsrisiko ist in den letzten 15 Jahren des Wirtschaftsbooms angestiegen. Im Jahr 2018 lebte in Deutschland fast jeder Sechste unterhalb der Armutsrisikoschwelle, die für einen Ein-Personen-Haushalt bei 1040 Euro lag.

Dabei geht es den Menschen meist nicht um Neid, also darum, den finanziell erfolgreichen Menschen ihr gutes Einkommen nicht zu gönnen; sondern es geht um die Wahrnehmung vieler Menschen mit geringen Einkommen, Vermögen und Chancen – dass ihre persönliche Leistung nicht ausreichend honoriert und respektiert wird.

Am Anfang der Corona-Pandemie fiel auf einmal der Begriff »Leistungsträger der Gesellschaft« nicht im Zusammenhang mit Managern, Unternehmern, Politikern oder anderen Großverdienern. Plötzlich waren Krankenpflegerinnen gemeint, Supermarktkassierer, Erzieherinnen, für die abends auf dem Balkon geklatscht wurde. Diese Welle der Anerkennung ebbte jedoch schneller wieder ab als die Corona-Krise selbst. Konkret verbessert hat sich für die meisten der Beklatschten nichts – weder in Bezug auf ihre Bezahlung noch auf die Arbeitsbedingungen oder die Wertschätzung.

Wie es ist – Fakten zu Vermögen und Sparen

Aber sparen wir wirklich so viel, wie es unser Selbstbild suggeriert? Wie reich sind wir Deutschen? Bis vor Kurzem wussten wir nicht wirklich, wie reich oder arm wir sind. Der deutsche Staat erhebt keine öffentlichen Statistiken zu den Vermögen seiner Bürgerinnen und Bürger – und da vermögende Deutsche nur selten an repräsentativen Umfragen teilnehmen, war es unmöglich, zu wissen, wie viel privates Vermögen in Deutschland wirklich vorhanden war und ist.

Eine neue, spezifische Erhebung von Daten unter Millionären zeigt, dass die Vermögen der reichsten Deutschen bisher stark unterschätzt wurden. Es ist nicht überraschend, dass Hochvermögende sich ungern fragen lassen, wie groß ihr Reichtum denn genau ist. Reich zu sein, ist in Deutschland eher verpönt. Zumindest geht der Großteil der Reichen damit nicht hausieren. Zu oft wird von einer Neiddebatte gesprochen. Daher offenbart man den eigenen Wohlstand zumindest ab einer gewissen Größe sehr ungern, und wenn, dann eher unter seinesgleichen.

Und selbst wenn Millionäre oder Milliardäre bereit waren, an Umfragen teilzunehmen: Die Chancen, dass sie für eine Befragung ausgelost wurden, waren gering. Deshalb teilt auch unsere sehr repräsentative Haushaltsumfrage, das Sozio-oekonomische Panel (SOEP) des DIW Berlin – für das seit 1984 jedes Jahr mittlerweile knapp 30 000 Personen in bis zu 20 000 Haushalten befragt werden –, ein Manko mit vielen anderen Langzeitstudien: Es wurden zu wenige der Hochvermögenden befragt. Ihre Vermögen korrekt zu erfassen, war damit nahezu unmöglich.

Die Resultate sind bemerkenswert: Das gesamte private Nettovermögen im Land ist gut ein Viertel höher als bisher bekannt. Zweite Erkenntnis: Die Vermögenskonzentration am oberen Ende der Reichtumsskala ist noch viel größer als gedacht. So beträgt das gesamte Vermögen der Bürgerinnen und Bürger in Deutschland nicht 8,2 Billionen Euro, wie bisher geschätzt, sondern mehr als 10,3 Billionen Euro. Das heißt, wir haben etwa das Dreifache einer jährlichen Wirtschaftsleistung des gesamten Landes an Vermögen angehäuft.

Diese Fehlschätzung von rund 2,1 Billionen Euro beträgt ungefähr zwei Drittel einer jährlichen deutschen Wirtschaftsleistung. Es handelt sich um Nettovermögen – Schulden und andere Verbindlichkeiten sind also bereits abgezogen.

Diese Zahlen sind schwer zu fassen, daher ein Beispiel: Wenn man 10,3 Millionen Euro gleichmäßig auf alle 83 Millionen in Deutschland lebenden Menschen verteilen würde, hätte jeder Einzelne fast 130 000 Euro auf dem Konto. Jede vierköpfige Familie dürfte sich über eine halbe Million Euro freuen. In der Realität verfügen nur wenige Familien über ein solches Vermögen. Aber diese Einordnung zeigt, in welch enormem Umfang privates Vermögen in Deutschland vorhanden ist.

Knapp 40 Prozent dieses gesamten Nettovermögens sind in Form von Immobilien gebunden. Weitere 40 Prozent sind Eigentum an Unternehmen, und die verbleibenden 20 Prozent liegen zu einem erheblichen Maß in Finanzvermögen vor, was Lebensversicherungen oder das Ersparte auf dem Sparkonto umfasst. Zum Vermögen zählen außerdem dauerhafte Konsumgüter wie ein Auto oder ein Fernseher.

Nun werfen Kritiker solcher Berechnungen ein, dass es auch andere Formen von Vermögen gäbe, die von dieser Vermögensdefinition nicht erfasst würden. Dazu zählen sie etwa Ansprüche an Rentenzahlungen, die bereits erarbeitet wurden und irgendwann in der Zukunft einmal ausgezahlt werden. Andere wollen auch günstigen oder subventionierten Wohnraum zu privaten Vermögen zählen. Ich halte das für falsch.

Es ist sicherlich richtig, dass solche Ansprüche oder solch finanzieller Schutz einen vermögensähnlichen Charakter haben, wenn man den Absicherungsfaktor betrachtet. Aber sie stellen kein Vermögen dar. Zunächst muss ein Vermögenswert eine gewisse Liquidität und Verfügbarkeit haben. Die Eigentümerin muss also einen Wert in Geld umwandeln können, damit er als ein Vermögenswert betrachtet werden kann. Eine 35-jährige Mutter kann aber nicht entscheiden, ihre Rentenansprüche, die sie nach der Pensionierung ab dem 67. Lebensjahr erhalten würde, jetzt einzulösen, um damit ihren gegenwärtigen Lebensunterhalt zu bestreiten oder Kleidung oder Nahrungsmittel zu kaufen. Sie kann sie auch nicht als Sicherheit bei der Bank hinterlegen.

Zum Zweiten muss ein Vermögenswert den finanziellen Wert über die Zeit stabil halten können und drittens auch generell als Vermögen von ausreichend vielen Menschen akzeptiert werden, um als »Vermögen« zu gelten.

Nach dieser Vermögensdefinition – also ohne Berücksichtigung von Rentenansprüchen oder Mietrechten – gibt es in Deutschland mehr als eine Million Vermögensmillionäre – also Menschen, deren Nettovermögen oberhalb von einer Million Euro liegt. Und dieser Anteil steigt rapide. Ein »Durchschnittsmillionär« hat hierzulande etwa drei Millionen Euro Nettovermögen angehäuft. Häufig hält er dies in Form von Immobilien oder Betriebsvermögen. Und es gilt: In keinem europäischen Land gibt es so viele Milliardäre und so viel Vermögen, das in den Händen so weniger Hochvermögender konzentriert ist. Deutschland hat also sehr viel Erspartes und viel Vermögen, nur dass es bei wenigen Menschen konzentriert ist.

Die Deutschen als Sparer

Menschen in Deutschland haben nicht nur sehr viel Vermögen angehäuft, sondern sie gehören zu denen, die Woche für Woche, Monat für Monat weltweit mit am meisten ihres Einkommens sparen und somit weiter zusätzliches Vermögen aufbauen. In normalen Jahren sparen alle Privatpersonen zusammen knapp zwölf Prozent ihres Einkommens. Wenn man für Abgaben und Renten korrigiert, sind dies sogar 18 Prozent. Damit werden wir Deutschen nicht selten als »Sparweltmeister« bezeichnet, auch wenn es unter den reichen Ländern der Welt noch die Schweiz und ein paar kleine Länder gibt, die noch höhere private Sparquoten haben.

Erstaunlich ist auch die Reaktion der Menschen auf die Pandemie in den ersten beiden Jahren 2020 und 2021. Zwar stieg in Deutschland die Arbeitslosigkeit nicht so stark wie in den meisten anderen Industrieländern. Aber auch hierzulande sind die Einkommen der Menschen gefallen, in vielen Fällen sogar substanziell. Mehr als eine Million Menschen haben zumindest temporär ihre Arbeit verloren. Und fast sieben Millionen Menschen waren zumindest zeitweise in Kurzarbeit und mussten dadurch Einbußen bei ihren Einkommen verkraften.

Aber obwohl die verfügbaren Einkommen in der Pandemie gesunken sind, sind die privaten Ersparnisse stark angestiegen. Die Nettosparquote von 18 Prozent hat sich auf 21 Prozent erhöht. Das ist erstaunlich, denn man hätte erwarten können, dass die Menschen in der Pandemie geringere Einkommen durch ihre Ersparnisse wettmachen müssen und die Sparquote entsprechend fiele.

Aus zwei Gründen hat es sich jedoch anders verhalten. Zum einen konnten viele Menschen das Geld gar nicht so ausgeben, wie sie wollten, weil Restaurants und Geschäfte geschlossen, Reisen verboten waren und der Konsum überhaupt erschwert war. Der andere Grund hängt mit der Angst der Menschen zusammen. In vielen Umfragen gaben sie an, weniger wegzugehen und Kontakte zu meiden, auch wenn Geschäfte und Restaurants geöffnet hatten. Viele hatten außerdem Sorge, ob sie auch in Zukunft noch Arbeit hätten, wenn die Pandemie vorbei wäre. Auch das ist ein wichtiges Motiv für die höheren Ersparnisse.

Dieser Anstieg der Sparquote während der Pandemie ist also ein Phänomen. Wie wir gleich sehen werden, gibt es jedoch riesige Unterschiede im Sparverhalten verschiedener gesellschaftlicher Gruppen – in normalen, aber gerade auch in Krisenzeiten. Wichtig ist jedoch, festzuhalten, dass die Bundesrepublik ein Land ist, in dem Sparen ein hoher Wert beigemessen wird und in dem ungewöhnlich viel gespart wird, auch trotz starker Sozialsysteme und einer guten Absicherung.

Deutschland hat eine der höchsten Ungleichheiten bei Vermögen

Deutschland ist ein reiches Land. Wir erwirtschaften eines der höchsten Pro-Kopf-Einkommen in der Welt. In unserem Land arbeiten viele hochproduktive, erfolgreiche und wertvolle Unternehmen, die mit ihren Beschäftigten diesen Wohlstand erwirtschaften. Bemerkenswert ist jedoch, dass, obwohl das Einkommen eines durchschnittlichen Deutschen deutlich über dem der meisten anderen Europäer liegt, sein Vermögen deutlich geringer ist. Der Median-Haushalt in Deutschland – für den also die eine Hälfte der anderen Haushalte mehr und die andere Hälfte weniger hat – besitzt etwas mehr als 70 000 Euro Nettovermögen. Um dem Durchschnitt der Eurozone zu entsprechen, müssten es aber mehr als 120 000 Euro sein. Das heißt, ein Haushalt in der Mitte der eurozonenweiten Vermögensskala verfügt über 50 000 Euro mehr als der entsprechende deutsche Haushalt. Ein vergleichbarer Haushalt in Spanien oder Italien verfügt sogar über mehr als das Doppelte an Nettovermögen.

Das bedeutet nicht, dass Spanien und Italien insgesamt reicher sind. Es bedeutet nicht, dass es weniger privates Vermögen in Deutschland gibt. Aber das private Vermögen ist hierzulande sehr viel ungleicher verteilt als in anderen Ländern. Die oberen zehn Prozent unserer Bevölkerung vereinigen 60 Prozent des Vermögens auf sich. Die unteren 40 Prozent dagegen bringen es zusammen auf weniger als ein Prozent des gesamten Privatvermögens.

Diese Vermögensungleichheit ist in den letzten vierzig Jahren insgesamt erheblich gewachsen und hat sich in den vergangenen zehn Jahren noch einmal deutlich erhöht. Während die ohnehin schon großen Vermögen weiter wuchsen, sind die Vermögen der Ärmsten kaum gestiegen. In vielen Fällen sind sie sogar geschrumpft.

Wenn man die Vermögenden und die Menschen ohne Reichtum in Deutschland vergleicht, fallen bei Ersteren acht Eigenschaften auf:

1. Sie sind sehr viel häufiger Männer als Frauen.
2. Sie haben ein mittleres oder höheres Alter.
3. Sie haben keine Migrationsgeschichte.
4. Sie kommen aus Westdeutschland.
5. Sie kommen aus Familien mit hoher Bildung.
6. Sie haben auch selbst eine gute Bildung genossen.
7. Sehr oft stammen sie aus vermögenden Familien.
8. Sie sind überdurchschnittlich oft selbstständig.

Diese Unterschiede sind deutlich, teils sehr deutlich ausgeprägt: So sind 69 Prozent der Millionäre männlich. 94 Prozent von ihnen leben in Westdeutschland. Woher kommt das, und was sind die Konsequenzen?

Der langfristige Trend ist weltweit ziemlich einheitlich: Private Vermögen sind immer ungleicher verteilt. Diese Vermögensungleichheit wächst in Deutschland und anderswo. Was Deutschland außergewöhnlich macht, ist also nicht die hohe Ungleichheit per se. Anders ist, dass es hierzulande so viele Menschen gibt, die über sehr, sehr wenig oder gar kein Erspartes und Vermögen verfügen. Die Wahrnehmung, die Deutschen seien Sparweltmeister, ist ein Mythos, ein vielfach vorherrschendes Gefühl und doch falsch. Einige Menschen im Land können sehr viel zur Seite legen. Für die Mehrheit stimmt es jedoch nicht. Denn sehr viele Menschen können nicht sparen, kein Vermögen aufbauen und keine Vorsorge betreiben.

Milliardäre als Pandemiegewinner

Die Entwicklung von Vermögen und Erspartem verändert sich über die Zeit und kann stark variieren. Zwar haben die meisten Industrieländer und auch ärmere Länder in den vergangenen vierzig Jahren einen Anstieg der Ungleichheit bei privaten Vermögen erlebt. Über ganz lange Zeiträume zeigt sich jedoch auch, dass es immer wieder Krisen gibt, in denen Vermögen zerstört werden. Wie wir an späterer Stelle sehen werden, war die Hyperinflation von 1923 beispielsweise so eine Krise, genauso wie es Kriege sind. Der französische Ökonom Thomas Piketty hat dies mit seinen Co-Autoren Emmanuel Saez und Gabriel Zucman in einer Reihe einflussreicher Forschungspapiere und Bücher gezeigt.

Kaum eine Krise hat die Wirtschaft weltweit und auch in Deutschland in den letzten 150 Jahren so hart getroffen wie die Corona-Pandemie. Daher würde man erwarten, dass auch sie als großer »Gleichmacher« fungiert hat, also der Einbruch der Wirtschaft vor allem den Eigentümern der Unternehmen geschadet hat. Es ist daher erstaunlich und bemerkenswert, dass genau das Gegenteil zutrifft: Selten in den letzten 150 Jahren sind die Vermögen der Millionäre und Milliardäre so stark gestiegen wie in den Jahren 2020 und 2021. Wie kann das sein?

Zahlen belegen, dass Milliardäre und Milliardärinnen weltweit ihre Vermögen im vergangenen Jahr um fünf Billionen Dollar (mehr als vier Billionen Euro) steigern konnten. Das ist nicht nur mehr als die jährliche Wirtschaftsleistung Deutschlands oder knapp sechs Prozent der Wirtschaftsleistung der Welt. Es ist vor allem ein sprunghafter Anstieg ihrer Vermögen um rund 60 Prozent innerhalb eines Jahres auf nun 13 Billionen Dollar.

Während nach Schätzung der Weltbank weltweit also mehr als 100 Millionen Menschen durch die Pandemie in absolute Armut gefallen sind und von weniger als 1,80 Dollar pro Tag leben müssen, war 2020 für die Hochvermögenden das finanziell erfolgreichste Jahr in der Menschheitsgeschichte. Wie sind diese Zahlen einzuschätzen, was sind deren Ursachen, und welche Konsequenzen beinhalten sie?

Die Zahlen, die die *Financial Times* zusammen mit der Bank Morgan Stanley veröffentlicht hat, sind schwer fassbar und vorstellbar. So ist die Anzahl der Superreichen im Pandemiejahr weltweit von 2000 auf 2700 gestiegen. Eines der schillerndsten Beispiele ist der Tesla-Gründer Elon Musk, der 2020 sein persönliches Vermögen von 25 Milliarden auf 150 Milliarden Dollar gesteigert hat. Aber er ist keine Ausnahme. Mit Amancio Ortega in Spanien (Modekonzern), Carlos Slim in Mexiko (Telekommunikation) oder Bernard Arnault in Frankreich (Luxusmode) gibt es sogar einzelne Personen, deren individuelle Vermögen mehr als fünf Prozent der Wirtschaftsleistung ihres eigenen Landes ausmachen.

Vermögenskonzentration auch in Deutschland stark gestiegen

Die 2700 Milliardäre und Milliardärinnen dieser Welt haben im Jahr 2020 ihr Vermögen um sechs Prozent der weltweiten Wirtschaftsleistung steigern können, während ebendiese Wirtschaftsleistung um 3,3 Prozent einbrach. Es ist also nicht so, als wären die Vermögen der Hochvermögenden durch einen Boom der Weltwirtschaft gewachsen – bei dem die Mehrheit der Menschen eine Teilhabe am steigenden Wohlstand hat –, sondern trotz und auch *wegen* des Einbruchs der Weltwirtschaft.

Auch in Deutschland ist diese Entwicklung zu beobachten. So zeigen die Berechnungen der *Financial Times*, dass die Zahl der Milliardärinnen und Milliardäre im Jahr 2020 hierzulande um 29 auf 136 Personen gestiegen ist. Ihre Vermögen sind im selben Zeitraum um mehr als 100 Milliarden Euro oder drei Prozent der deutschen Wirtschaftsleistung angewachsen – während die Wirtschaftsleistung im selben Zeitraum um circa 170 Milliarden Euro oder 4,9 Prozent schrumpfte.

Dies deutet darauf hin, dass sich die Ungleichheit der Vermögen während der Pandemie auch in Deutschland massiv vergrößert hat. Aktuelle Daten dafür liegen noch nicht vor. Allerdings haben Umfragedaten für 2019, die im Juli 2020 im Rahmen des Sozio-oekonomischen Panels des DIW Berlin ausgewertet wurden, gezeigt, dass schon vor der Pandemie das reichste eine Prozent der Deutschen 35 Prozent der gesamten privaten Vermögen in Deutschland hält. Damit besitzt dieses eine Prozent mehr als die unteren 90 Prozent der Bevölkerung, die zusammen nur auf 33 Prozent kommen.

Gute und schlechte Vermögen

Die *Financial Times* unterscheidet in ihren Berechnungen zwischen »guten« und »schlechten« Vermögen. Gute Vermögen sind demnach solche, die in Wirtschaftssektoren entstanden sind, die neue Technologien entwickeln oder auf Industrieproduktion beruhen. Schlechte Vermögen werden als solche definiert, wenn sie vor allem durch Rohstoffe – mit oft großen negativen Folgen für die Umwelt – oder mit Einkünften aus Immobilien erzielt werden, also in Bereichen, die nur zu einem geringen Teil auf eigener Innovation beruhen und zu einem erheblichen Teil auf ein sogenanntes *rent-seeking* zurückzuführen sind, also auf ein Abschöpfen eines Mehrwerts, der von anderen in der Gesellschaft geschaffen wurde.

Deutschland schneidet bei dieser Unterscheidung relativ gut ab. Das heißt, ein relativ großer Teil wird durch innovative Wirtschaftstätigkeit und neue Technologien erwirtschaftet. Noch viel größer ist der Anteil in den USA, China oder Südkorea. Weniger gut steht Deutschland dagegen im internationalen Vergleich da, wenn man nicht mehr auf die gesamte Wirtschaftstätigkeit schaut, sondern nur auf die Milliardenvermögen und wie sie entstanden sind. Dann zeigt sich nämlich, dass zwei Drittel der Vermögen der deutschen Milliardäre nicht durch eigene Arbeit geschaffen, sondern vererbt wurden oder verschenkt. In den USA dagegen ist weit mehr als die Hälfte »neues Geld«.

Kann es einer Volkswirtschaft nicht egal sein, wie und wann die Vermögen entstanden sind, solange sie wachsen und gut verwendet werden? Tatsächlich sollte man sich hüten, diese Zahlen und Entwicklungen sofort negativ zu bewerten und im schlimmsten Fall zu einer Neiddebatte beizutragen. Zahlreiche

Hochvermögende haben in der Pandemie einen enorm wertvollen Beitrag zur Bekämpfung der Krise geleistet. Für ihre Leistung sind sie entlohnt worden und haben so ihre Vermögen vergrößern können.

Das in Deutschland bekannteste Beispiel ist sicherlich der Aufstieg der Gründerin und des Gründers von BioNTech. Wie zahlreiche andere Unternehmen in der Gesundheitsbranche haben sie schnell reagiert, geforscht, entwickelt und mit neuen Impfstoffen, Medikamenten und medizinischer Ausstattung geholfen, die Pandemie einzudämmen und zahlreiche Menschenleben zu retten. Kaum jemand würde bezweifeln, dass sie dafür entsprechend entlohnt werden und finanziellen Erfolg erwirtschaften sollen. Ähnliches gilt für Unternehmen des Onlinehandels oder der Streamingdienste, die vielen Menschen das Leben in diesen schwierigen Zeiten etwas erleichtert haben.

Aber in Summe sind es nur wenige Superreiche, die ihre Vermögen durch eine aktive Pandemiebekämpfung vergrößern konnten. Die meisten haben an den boomenden Aktienmärkten dazuverdient. Denn während sich die Weltwirtschaft in einer tiefen Rezession befand, haben die Aktienkurse vieler weltweit agierender Unternehmen deutlich an Wert gewonnen. Auch hier liegt ein vermeintlicher Widerspruch. Warum klettern während einer weltweiten Krise Aktienkurse nicht nur einzelner Unternehmen, sondern auch in breiter Front nach oben?

Den Boom an den Aktienmärkten mit befeuert hat eine sehr expansive Geldpolitik der Notenbanken, die Milliarden an Liquiditätshilfen an Banken gegeben und im großen Stil Anleihen aufgekauft haben, um die Zinsen niedrig zu halten. Und auch eine expansive Finanzpolitik mit direkten Unternehmenshilfen hat vielen Firmen nicht nur das Überleben ermöglicht, sondern auch deren finanzielle Position gestärkt – und damit direkt oder indirekt die der Hochvermögenden. So haben beispielsweise die im Dax gelisteten Unternehmen in Deutschland im ersten Quartal 2021 die größten Gewinne der vergangenen zehn Jahre gemacht. Nicht selten haben auch Unternehmen staatliche Hilfen in Anspruch genommen und ihre Arbeitnehmerinnen und Arbeitnehmer mit Staatshilfen in Kurzarbeit geschickt, gleichzeitig aber den Aktionären Dividendenausschüttungen gegönnt.

Der Staat hat gegeben

Somit hat sich nicht nur die Ungleichheit privater Vermögen während der Pandemie vergrößert, sondern es ist auch eine zunehmende Unwucht zwischen Staat und Privatwirtschaft entstanden. Denn vor allem in reichen Industrieländern wie Deutschland hat der Staat die Unternehmen mit enormen Summen gestützt, um eine noch schlimmere Wirtschaftskrise und noch größere Arbeitsplatzverluste zu verhindern. Der deutsche Staat hat 2020 und 2021 mehr als 470 Milliarden Euro (sechs Prozent des BIP in beiden Jahren) an zusätzlichem Geld ausgegeben. Dafür hat er Schulden aufgenommen, die von den Bürgerinnen und Bürgern langfristig über ihre Steuern bedient werden müssen.

In anderen Worten: Während der Pandemie gab es eine massive Umverteilung von finanziellen Ressourcen vom Staat hin zu den Bürgerinnen und Bürgern. Diese profitierten jedoch in sehr unterschiedlichem Maße davon. Viele konnten dank Staatshilfen ihren Job behalten, mussten aber wegen Kurzarbeit und anderer Einschränkungen den Gürtel enger schnallen. Die Hochvermögenden hingegen bekamen den größten Teil des Kuchens direkt in ihre Unternehmen serviert und profierten durch steigende Aktienkurse oftmals ein zweites Mal. Daher wäre auch die Politik klug beraten, ernsthaft über Optionen nachzudenken, wie diese Unwucht wieder korrigiert werden und die Lasten der Pandemie fair auf die Schultern aller Bürgerinnen und Bürger verteilt werden kann.

Der Staat hat sich in der Pandemie als unverzichtbar erwiesen: Er hat Millionen Arbeitsplätze gerettet und viele Menschen durch Kurzarbeitergeld vor dem Absturz gerettet. Das war richtig. Wenn sich aber die dadurch entstandene Unwucht nicht korrigieren lässt, könnte dies verheerende Folgen für den sozialen Frieden und für den wirtschaftlichen Erfolg haben. Die Frage für das kommende Jahrzehnt lautet: Wird sich die Politik an den Zukunftsherausforderungen und an der langfristigen Bewältigung der Pandemie – also auch den entstandenen Schulden – beteiligen, und wenn ja, wie stark, beispielsweise über Steuererhöhungen oder Vermögensabgaben?

Die Geschichte des Sparens

Die Frage an Sie als Leserin oder Leser: Welcher Tag wird am 29. Oktober weltweit »gefeiert«? Seit 1925 ist der 29. Oktober der »Weltspartag«. Heutzutage gibt es für sehr vieles Welttage, an denen gewissen Werten oder Gruppen Respekt gezollt wird oder Veränderungen angemahnt werden. Aber für kaum etwas gibt es diesen Welttag schon so lange wie für das Sparen. Es war vor allem eine deutsche Initiative, die diesen Tag weltweit – aber im Bewusstsein wohl nirgendwo so stark wie in Deutschland – etabliert hat. Welttage gegen Rassismus und Missbrauch, für Mädchen und Frauen und zum Schutz von Umwelt und Klima gibt es in vielen Fällen erst seit wenigen Jahrzehnten – den »Weltspartag« jedoch schon seit 1925.

Die manipulierte Moral?

Jedes Kind in Deutschland wird sehr früh mit dem Wert des Sparens konfrontiert. Dies nicht nur durch die eigenen Eltern. In Schulen, Vereinen und in der Öffentlichkeit werden jedem Kind schon früh der Wert und die Notwendigkeit des Sparens nahegelegt. Vereine verschenken Sparschweine, die lokalen Volksbanken und Sparkassen geben den Erstklässlern ein Sparbuch mit ein paar Euro, und die Eltern geben Taschengeld, von dem erwartet wird, dass zumindest ein Teil davon auf die hohe Kante gelegt wird.

In Umfragen geben ungewöhnlich viele Menschen an, Sparen sei eine Tugend, es sei enorm wichtig, und es gelte dies als Wert zu sichern. Dabei wird häufig nicht gefragt, wofür denn gespart wird und wem dies wann zugutekommen soll. Kaum ein Wert wird so wenig hinterfragt, und kaum eine Moral ist hierzulande derart stark verwurzelt.

Wieso ist das Sparen ein so zentraler Teil unserer Identität? Sparen gibt es so lange, wie es Zivilisationen gibt. Die Institutionalisierung des Sparens lässt sich in Westeuropa bis ins 15. Jahrhundert zurückverfolgen. Damals waren es Franziskanermönche im Norden Italiens, die Pfandleihkassen gründeten, die sogenannten »Berge der Barmherzigkeit« oder *Monti di Pietà*. Die Idee war es, ärmere Menschen in Notzeiten mit Krediten zu unterstützen. Das Grundmotiv in den ersten Jahrhunderten war also vor allem die Absicherung gegen Krisenzeiten, gegen Armut, Krankheit und Verlust der Lebensgrundlage.

Und es war in diesen Zeiten insbesondere auch ein christliches Verhalten von Mönchen, Nonnen und anderen Gruppen, um Solidarität zu bekunden und sie zu leben. Die häufig gehörte

Behauptung, der Protestantismus hätte eine wichtige Rolle für die Bedeutung des Sparens gespielt, lässt sich mit wissenschaftlichen Studien jedoch nicht überzeugend belegen. Zwar gibt es einen Zusammenhang zwischen Bildung, wirtschaftlicher Entwicklung und Protestantismus im 16. und 17. Jahrhundert, eine klare Beziehung zum Sparen gibt es jedoch nicht.

Nach dem 18. Jahrhundert wurde das Sparen zunehmend als Tugend im Verbund mit Ordnung, Pünktlichkeit und Reinlichkeit betont. Ein sparsamer Umgang, nicht nur mit Geld, sondern mit allen Habseligkeiten und Vermögen, wurde zunehmend als etwas Wichtiges und moralisch Gutes angesehen. Aus dieser Zeit stammt auch das Sparschwein als Symbol des Sparens. Denn wer ein Schwein besaß, der galt als privilegiert und, zumindest in bescheidenem Maße, als vermögend. Und ein Schwein galt als Absicherung nicht nur gegen Hunger und Armut, sondern im Notfall auch zum Eintauschen für Medizin oder Schutz. Noch heute besitzt fast jeder zweite Deutsche ein Sparschwein. Und im Sprachgebrauch hat sich das Schwein als Synonym für Glück durchgesetzt – man hat eben »Schwein gehabt«.

1778 entstand in Hamburg die erste Sparkasse weltweit. Sie wurde gegründet, um möglichst allen Menschen Zugang zum Sparen zu erlauben. Zwar gab es Banken schon sehr viel länger, diese waren aber für normale Bürger nicht zugänglich, sondern dienten Staaten, Unternehmen oder Hochvermögen. Auch das Motiv des Sparens veränderte sich. Weg von Almosen, sollte zunehmend das Prinzip der Eigenverantwortung gestärkt werden. Menschen sollten einen Teil ihres erarbeiteten Geldes zurücklegen, um sich selbst gegen die Risiken des Lebens abzusichern.

Die Politisierung des Sparens

Das Sparen wurde zunehmend als politisches Instrument entwickelt. Eine Sparkasse wurde mit einem preußischen Ministererlass 1854 für jeden Kreis vorgeschrieben, um das Sparen für alle zu ermöglichen und zu fördern. Zudem veränderte sich in vielen Fällen die Eigenschaft der Sparkassen. Sie wurden zunehmend als öffentliche Einrichtungen vom kommunalen Selbstverwaltungskörper gegründet. Somit bekamen viele öffentlichen Charakter und Funktion, auch um wichtige kommunale Projekte umsetzen zu können.

Im Laufe des 19. Jahrhunderts und Anfang des 20. Jahrhunderts verzeichnete das Deutsche Reich eine beeindruckende Entwicklung des Bankensystems. 1913 gab es bereits 1573 Geschäftsbanken, mehr als 3000 Sparkassen und mehr als 18 500 Genossenschaftsbanken. Viele dieser Banken hatten unterschiedliche Zielgruppen und Funktionen. So richteten sich vor allem die Genossenschaftsbanken an selbstständige Landwirte und Gewerbetreibende.

Das Bankensystem im Deutschen Reich wurde zu einer der wichtigsten wirtschaftlichen Mächte, da der Kapitalmarkt im internationalen Vergleich relativ unterentwickelt war und ein großer Teil der Kreditvergabe über Banken lief. 1913 zählten 17 Banken zu den 25 größten Unternehmen im Deutschen Reich. Und diese Banken hingen bezüglich ihrer Finanzierung ganz entscheidend vom Sparwillen der Bürgerinnen und Bürger ab.

Auch das Schulsystem wurde instrumentalisiert, um das Sparen als Tugend zu etablieren und Ersparnisse zu mobilisieren. Bereits in den 1870er-Jahren gab es Schulsparkassen. Die Kinder wurden hier angehalten, Spargroschen beim Lehrer einzuzahlen, die das Geld dann wiederum an die lokale Sparkasse oder Raiffeisenbank weiterleiteten.

Ab dem 19. Jahrhundert wurde die Tugend des Sparens noch weiter politisiert. Die politische Klasse sah es vor allem als Mittel gegen Unzufriedenheit und revolutionäre Umtriebe an. Die Idee war: Wer Erspartes hat, der wird dies nicht aufs Spiel setzen wollen, indem er sich gegen die herrschende Klasse auflehnt; er wird eher am Status quo festhalten wollen, als einen Umsturz herbeizuführen. Vor allem wurde es auch explizit als Instrument gegen den aufkeimenden Sozialismus und gegen die Sozialdemokratie eingesetzt, die in dieser Zeit nicht selten als systemfeindlich angesehen wurde.

Ein zweites politisches Motiv war die wirtschaftliche Entwicklung, die durch hohe Ersparnisse – also letztlich durch Entbehrungen und den Verzicht auf Konsum der Arbeiterklasse – gefördert und finanziert werden sollte. Nach der industriellen Revolution brauchten Unternehmen Kapital, um Maschinen kaufen und Handel betreiben zu können. Für den Staat und die Unternehmer selbst war es sehr viel praktischer und auch effizienter, diese Investitionen durch die Ersparnisse der Arbeiterschaft zu ermöglichen.

Krieg und Sparen

Aber auch der Staat finanzierte eigene Ausgaben, vor allem für Kriege und andere militärische Konflikte, zunehmend über Kredite – also letztlich private Ersparnisse. Durch das Ausgeben von Kriegsanleihen appellierte man an den Patriotismus der Menschen und brachte sie dazu, den Krieg mitzufinanzieren. Das Versprechen, Kriegsanleihen seien eine gute Art des Sparens, erwies sich häufig als falsch. Verlorene Konflikte und explodierende Staatsschulden führten überall in Europa wiederholt zu Staatspleiten und dem Verlust des Ersparten. Trotzdem gelang es der Politik auch nach solchen Erfahrungen, das Sparen als Tugend und bürgerliche Pflicht weiterhin fest in der Psyche der Deutschen zu verankern.

Der Erste Weltkrieg wurde hauptsächlich durch Kriegsanleihen finanziert. Die erste Kriegsanleihe wurde 1914 ausgegeben, und eine Propagandakampagne sollte den Verkauf an die Mittelschicht fördern. Plakate zeigten Soldaten an der Front, die Solidarität und Unterstützung von ihren Mitbürgern einforderten. Anfänglich wurde geworben, solche Kriegsanleihen seien eine gute Kapitalanlage, da die Verzinsung attraktiv und die Rückzahlung sicher sei. Es wurde behauptet, der Sieg sei nah, und da es wohl keine weiteren Kriegsanleihen mehr geben würde, sollten sich die Bürger beeilen, sie zu zeichnen.

Nun, der Sieg war nicht nah, und es war auch nicht die letzte Kriegsanleihe, die das Deutsche Reich ausgab. Bis zum Ende des Ersten Weltkriegs sollten es acht Kriegsanleihen werden, die im Großen und Ganzen sehr erfolgreich darin waren, private Ersparnisse für den Krieg zu mobilisieren.

Viele sahen ihre Ersparnisse nie wieder. Es war vor allem die Mittelklasse, also Menschen mit mittleren Einkommen, und nicht der ärmere Teil der Bevölkerung – der damals wie heute kaum Rücklagen hatte –, die den größten Teil der Kriegsanleihen gezeichnet und damit einen großen Teil ihres Vermögens verloren hatten.

Die Nazipropaganda in den 1930er-Jahren nutzte diese Erfahrungen und Kenntnisse für ihre eigene Kampagne, um die Aufrüstung und den Krieg finanzieren zu können. 1942 wurde sogar ein Zwangssparen für Menschen im Osten erhoben. 1941 wurde eine große Kampagne zum »eisernen Sparen« umgesetzt, wiederum mit dem Versprechen einer guten Rendite und der patriotischen Pflicht, die Soldaten an der Front zu unterstützen. Vielen Sparern blieb wenig anderes übrig, zumal es immer weniger Konsumgüter mit dem Geld zu erwerben gab. Hinzu kam die Zwangsenteignung vieler jüdischer und anderer verfolgter Menschen, die teilweise genutzt wurde, um staatliche Ausgaben zu finanzieren.

Auch nach dem Zweiten Weltkrieg setzte sich die Moral des guten Sparens nahtlos fort. Die Not war größer denn je, und viele erfuhren in den ersten Jahren nach dem Krieg, wie wichtig eine Absicherung und Rücklage sind, um Nahrungsmittel und andere Dinge des täglichen Bedarfs bezahlen zu können. Die drei Jahrzehnte nach der Gründung der Bundesrepublik Deutschland gingen nicht nur als Wirtschaftswunder, sondern auch als Sparwunder in die Geschichte ein. Die private Sparquote war enorm hoch, obwohl der Lebensstandard erst langsam gegenüber anderen westeuropäischen Ländern aufholen konnte. Die Tugend des Sparens war nicht nur im Westen, sondern auch in der DDR fest verankert.

Dabei bestand das Sparwunder nicht nur in der hohen Sparquote, relativ zu den Einkommen. Es bestand auch darin, dass die Menschen trotz aller Katastrophen und Verluste der vergangenen zwei Jahrhunderte – in den Kriegen, der Hyperinflation von 1923, der Währungsumstellung 1948 und der wiederholten Instrumentalisierung des Sparens durch die Politik – stetig weitersparten, als hätte es die Vergangenheit nie gegeben.

Fazit:

Wir Deutschen haben ein verzerrtes Verhältnis zum Thema Sparen. Dabei handelt es sich zum einen um eine Wahrnehmungslücke – wir realisieren nicht, dass mehr als jeder Dritte gar nicht sparen kann – und zum anderen um eine Gerechtigkeitslücke – wir wünschen uns eine deutlich höhere Teilhabe beim Sparen.

Obwohl kaum ein Land so viel seiner Wirtschaftsleistung spart, gibt es gleichzeitig kaum ein westliches Land, in dem Sparen und Vermögen so ungleich verteilt sind. Gerade die Hochvermögenden profitieren von staatlichen Hilfen. Die Milliardäre gehören zu den großen Pandemiegewinnern, während Millionen von Solo-Selbstständigen und Minijobberinnen empfindliche Abstriche in ihrem Lebensstandard hinnehmen mussten.

Die Moral des guten Sparens hat eine lange Geschichte in Deutschland. Das Sparverhalten der Menschen war eine wichtige Voraussetzung für die Entwicklung von Demokratie und sozialer Marktwirtschaft. Aber Sparen wird auch heute noch politisch instrumentalisiert und missbraucht: Die Politik gibt lieber den niedrigen Zinsen oder der hohen Inflation die Schuld dafür, dass mehr als jede dritte Deutsche nicht sparen und Vorsorge betreiben kann, obwohl die Verantwortung dafür vor allem bei der Politik selbst liegt.

2.

DAS LAND DER ERBEN – NICHT DER ARBEIT

Wie kann es sein, dass in einem so reichen Land wie Deutschland so viele Menschen nur wenig oder gar keine Ersparnisse bilden können?

Drei zentrale Gründe lassen sich nennen. Der erste zentrale ist die Einkommensungleichheit. Denn nicht nur bei den Vermögen, sondern auch bei den Einkommen ist die Schere in den letzten dreißig Jahren weiter auseinandergegangen. Die einkommensschwächsten 20 Prozent der Bevölkerung haben vom allgemeinen Anstieg der Einkommen nicht profitiert. Sie gingen leer aus. Noch schlimmer: Betrachtet man nur die letzten beiden Jahrzehnte, dann musste diese Gruppe sogar fallende reale Einkommen hinnehmen.

Das hat Auswirkungen: Wenn Einkommen stagnieren oder sogar fallen, dann versuchen Menschen als Erstes, ihren Lebensstandard zu sichern. Bei sinkenden Einkommen verzehren sie dafür einen größeren Anteil. Entsprechend schwinden die Möglichkeiten, zu sparen und Vermögen aufzubauen.

Der zweite Grund, der ebenso wesentlich ist wie die ungleiche Lohn- und Einkommensentwicklung, ist das deutsche Steuersystem. In fast keinem anderen Industrieland besteuert der Staat Vermögen so gering, Einkommen auf Arbeit dagegen so hoch. Und wenn Vermögen besteuert werden, dann kommen die Reichsten häufig am besten davon. Ein typisches Beispiel ist die Erbschaftsteuer: Menschen, die mehr als 20 Millionen Euro erben, zahlen nur einen halb so hohen Steuersatz auf ihre Erbschaft wie Menschen mit geringen Erbschaften.

Die Erbschaften selbst sind der dritte Grund für die großen Vermögensunterschiede. Denn mehr als die Hälfte aller privaten Vermögen in Deutschland wird heute ererbt und nicht erarbeitet. Welche Auswirkungen es auf die Chancengleichheit und die soziale Mobilität hat, wenn die Hälfte des Durchschnittsvermögens davon abhängt, in welche Familie ein Mensch geboren wird, liegt auf der Hand.

Dazu kommt, dass auch der Bildungserfolg wesentlich stärker von der Herkunft des Kindes abhängt als in anderen Ländern. Das Ergebnis: Kinder aus sozial und einkommensschwachen Familien erreichen meist einen deutlich niedrigeren Bildungsabschluss, haben geringere Einkommen und erben nichts oder wenig. Im Gegensatz dazu haben Kinder aus einkommensstarken Familien in der Regel einen deutlich höheren Bildungsabschluss, viel höhere Einkommen und erben zudem noch viel.

Erbschaften oder die Lotterie der Geburt

In den USA heißt es, es sei respektabel, in Reichtum zu leben, jedoch inakzeptabel, in Reichtum zu sterben. In Deutschland gilt das Gegenteil: Es ist oft verpönt, in Reichtum zu leben, aber höchst respektabel, in Reichtum zu sterben und den Kindern und Enkelkindern möglichst viel zu vererben. Woher kommt diese Mentalität? Und welche Folgen hat sie für unsere Gesellschaft?

In den USA ist es ist nicht unüblich, seine Kinder und Enkelkinder zu enterben. Vielen wohlhabenden Amerikanern geht es dabei nicht nur um den Stifter-Gedanken, also den Wunsch, der Gesellschaft etwas zurückzugeben. Sie glauben auch, im Interesse ihrer Kinder und Enkelkinder zu handeln. Das Enterben ihrer Kinder begründen viele damit, dass sie diesen keine Steine in den Weg legen wollen, indem sie sie durch Verpflichtungen gegenüber dem Familienerbe beschränken. Sie wollen ihnen die Freiheit geben, ihr eigenes Leben zu leben.

Mit der Kampagne The Giving Pledge haben sich Bill Gates, Warren Buffett, Mark Zuckerberg und andere dazu verpflichtet, fast ihren gesamten Reichtum zu Lebzeiten, und nicht erst nach ihrem Tod, an die Gesellschaft zurückzugeben. Bill und Melinda Gates tun dies durch ihre Stiftung, die sich für die Beseitigung globaler Probleme engagiert und vor allem für bessere Gesundheitssysteme in den ärmsten Ländern der Welt kämpft. Ihr beeindruckender Erfolg hat Warren Buffett inspiriert, den Großteil seines Geldes ebenfalls dieser Stiftung zu geben. Philanthropie hat in den USA einen hohen gesellschaftlichen Stellenwert.

Anders sieht es dagegen in Deutschland aus – auch wenn es hierzulande zahlreiche Hochvermögende gibt, die sich stark mit ihrem Geld gesellschaftlich engagieren. Allein der Begriff »enterben« zeigt das abweichende Grundverständnis: Kinder haben ein Anrecht – moralisch wie rechtlich – auf das Vermögen ihrer Eltern, die ihren Kindern nur in Ausnahmefällen das Vermögen komplett verwehren können. Das öffentliche Zeigen von Reichtum wird in unserer Gesellschaft eher als despektierlich empfunden. Die Weitergabe eines großen Vermögens als Erbe wird jedoch als Lebensleistung anerkannt.

Erbschaften prägen Vermögen

Um es deutlich zu betonen: Auch in Deutschland gibt es viele Familien, die durch Stiftungen, Spenden und Schenkungen einen Teil ihres Vermögens an die Gesellschaft geben. Aber die Philanthropie hat hierzulande nicht die gleiche Bedeutung wie in den USA und manchen anderen Ländern. Auch, weil das deutsche Steuer- und Sozialsystem bei vielen die Erwartungen an den Staat, er möge sich um soziale Belange kümmern, viel stärker schürt, als dies in den USA der Fall ist.

Dabei gibt es einige belastbare Belege für die US-amerikanische These, dass eine Erbschaft nicht immer ein Segen für die Erbenden ist. Für Deutschland zeigt das beeindruckende Buch von Julia Friedrichs *Wir Erben. Was Geld mit Menschen macht*, dass ein Erbe für viele zur Belastung wird. Zudem belegen wissenschaftliche Studien, dass die eigenen Kinder nicht oder nur in den seltensten Fällen die besten Manager sind, um das Familienerbe oder -unternehmen zum Erfolg zu führen.

Was ist die Ursache für die hohe Bedeutung von Erbschaften in unserer Gesellschaft? Ein zentraler Grund ist unser Gesellschaftsvertrag, der einen großen Wert auf Solidarität innerhalb der Familie und zwischen den Generationen legt. Die Wurzeln liegen in der landwirtschaftlichen Ordnung vieler Teile Deutschlands, durch die das Land an die ältesten Söhne vererbt wurde, um die Lebensgrundlage der Familie zu sichern. Und es stammt aus einer Zeit, in der es praktisch keinen Sozialstaat gab, Solidarität also fast ausschließlich innerhalb der Familie und nicht innerhalb der Gesellschaft verstanden wurde.

Deutschland war auch das erste Land, das vor fast 130 Jahren eine Rentenversicherung – also eine gesamtgesellschaftliche Dimension der Solidarität – eingeführt hat, um die Lebensgrundlage für die ältere Generation sicherzustellen. Solidarität als Teil unseres Gesellschaftsvertrags hat also eine lange Tradition. Dabei geht es sowohl um Solidarität innerhalb der Familie als auch innerhalb der Gesellschaft mit einem starken Sozialstaat.

Das Bemerkenswerte hinsichtlich des Ursprungs der privaten Vermögen ist, dass über die Hälfte davon heute nicht mehr mit eigener Hände Arbeit erwirtschaftet wird, sondern geerbt oder geschenkt ist. Man muss sich diese Tatsache vor Augen führen: Wenn Sie heute jemanden mit einem großen Haus sehen, dann ist die Chance, dass dieser Mensch sich dies hauptsächlich wegen einer Erbschaft oder Schenkung leisten konnte, höher, als dass er oder sie es hauptsächlich durch eigene Arbeit und Bemühungen aufgebaut hat.

Studien des DIW Berlin unterstreichen die steigende Bedeutung von Erbschaften und Schenkungen in unserer Gesellschaft. In den vergangenen 15 Jahren hatten zehn Prozent aller Erwachsenen das Glück, eine Erbschaft oder größere Schenkungen zu erhalten. Vor allem in den letzten Jahren ist die Höhe der Erbschaften deutlich gestiegen: Betrug die durchschnittliche Erbschaft in den Jahren 1986 bis 2001 noch preisbereinigt 72 000 Euro, so stieg sie auf 85 000 Euro in den Jahren 2002 bis 2017.

Erbschaften und Schenkungen sind zudem von der Größe her sehr ungleich verteilt. Die Hälfte aller Erbschaften beträgt weniger als 33 000 Euro. Dass dieser sogenannte Median so viel niedriger ist als der Durchschnitt, heißt, dass einige wenige große Beträge erben. Und tatsächlich erhalten zehn Prozent der Begünstigten die Hälfte aller Erbschaften und Schenkungen. Die anderen 90 Prozent teilen sich die restliche Hälfte.

Wer sind die Erbinnen und Erben in Deutschland? Die

kurze Antwort lautet: meist Menschen, die in vielerlei Hinsicht bereits privilegiert sind. Die längere Antwort lautet: Es erben meistens Personen in der zweiten Lebenshälfte, also zwischen 55 und 74 Jahren; Menschen in Westdeutschland, die im Durchschnitt doppelt so hohe Erbschaften erhalten wie Menschen in Ostdeutschland – und solche mit hohen Einkommen: Fast 25 Prozent der Erbschaften gehen an Menschen, die zu den zehn Prozent derjenigen gehören, die die höchsten Einkommen haben. Und es sind meist Menschen, die auch ohne Erbschaften schon sehr vermögend sind: Zwei Drittel aller Erbschaften und Schenkungen gehen an Menschen, die zu den 20 Prozent derer gehören, die die größten privaten Vermögen besitzen.

Dabei hatten Erbschaften und Schenkungen nach dem Zweiten Weltkrieg eine deutlich geringere Bedeutung. Viele Vermögenswerte waren durch den Krieg zerstört worden und mussten durch harte Arbeit wieder aufgebaut werden. So wurde bis in die 1980er-Jahre hinein relativ wenig vererbt, und der Anteil von Schenkungen und Erbschaften relativ zum gesamten Privatvermögen in Deutschland sank auf gut 20 Prozent.

Dies hat sich jedoch seit den 1980er-Jahren grundlegend geändert, als die in den Wirtschaftswunderjahren zu Wohlstand gekommene Generation anfing, das Vermögen an ihre Erben weiterzugeben. Eine Studie des DIW Berlin schätzt, dass in den kommenden zehn Jahren jedes Jahr bis zu 400 Milliarden Euro in Deutschland vererbt werden. Das entspricht acht Prozent der jährlichen Wirtschaftsleistung – und ist deutlich mehr als bisher angenommen, da der wirkliche Wert der Vermögen meist unterschätzt wird. Es erbt jedoch nur knapp die Hälfte der Deutschen, die andere Hälfte geht leer aus. Dazu kommt, dass die Erben meist einkommensstarke, vermögende und gut ausgebildete

Kinder sind. Die Erbschaften vergrößern die sozialen Unterschiede also noch.

Die starke Konzentration von Erbschaften spiegelt die relativ geringe soziale Mobilität in Deutschland wider: Kinder aus einkommensstarken Familien schaffen es deutlich häufiger, einen guten Bildungsabschluss zu erlangen, selbst ein hohes Einkommen zu erzielen und eigenes Vermögen aufzubauen. Es sind dann auch diese Kinder, die sehr viel häufiger zusätzlich Vermögen erben.

Die Konsequenz ist, dass sich Erbschaften und Schenkungen extrem auf die Verteilung und die Ungleichheit von Vermögen und Einkommen auswirken. In der Debatte um solche Effekte wird häufig darauf hingewiesen, dass Erbschaften und Schenkungen die Ungleichheit von Vermögen doch verringerten. Das ist richtig, wenn man die relative Ungleichheit, beispielsweise gemessen am Gini-Koeffizienten, dem gebräuchlichsten Ungleichheitsmaß, betrachtet, aber auch nicht überraschend: Meist gibt eine Person ihr Erbe an mehrere Personen weiter. Das führt schon allein mechanisch zu einer besseren Verteilung und damit zu einem geringeren Gini-Koeffizienten.

Es verschleiert aber die absolute Verteilung von Vermögen und Einkommen. Daher ist die Betrachtung der absoluten Ungleichheit, also in Euro gemessen, sehr viel relevanter. Die Vermögensdifferenz zwischen denjenigen, die erben, und denjenigen, die leer ausgehen, steigt enorm. Und da Menschen mit geringen Einkommen und kleinen Vermögen sehr viel häufiger leer ausgehen oder nur sehr geringe Summen erhalten, verändert sich für ihr Leben und ihre Zukunftsperspektive wenig.

Konsequenzen von Erbschaften für die Gesellschaft

Was sind die Konsequenzen dieser Entwicklungen für unsere Gesellschaft? Die Reaktion auf die Tatsache, dass mehr als die Hälfte des gesamten Vermögens in Deutschland vererbt wurde und die Ungleichheit der privaten Vermögen zu den höchsten in der westlichen Welt zählt, ist oftmals der Ruf nach mehr Steuern, weniger Erbe und mehr Umverteilung von oben nach unten. Leider wird die Diskussion hierzulande meist sehr schnell zu einer Neiddebatte – das Vermögen wird vermeintlich denen nicht gegönnt, die es haben. Oder wie am Anfang erwähnt: In Reichtum zu leben, gilt für viele in Deutschland als despektierlich.

Aus gesellschaftlicher Perspektive ist ein hohes Vermögen eines Einzelnen per se weder gut noch schlecht. Trotzdem reagieren viele mit dem Ruf nach mehr Steuern und mehr Umverteilung und einer offenen Neiddebatte. Was für die Gesellschaft jedoch zählen sollte, ist, was dieser Mensch mit seinem Vermögen macht. In Deutschland ist ungewöhnlich viel privates Vermögen in Familienunternehmen konzentriert, die häufig gut bezahlte und sichere Jobs schaffen. Der Erfolg des deutschen Wirtschaftsmodells hängt ganz zentral von der Innovation, Flexibilität und langfristigen Perspektive dieser Familienunternehmen ab. Deshalb wäre es geradezu irrsinnig, diese Struktur zerstören zu wollen.

Trotzdem ist die Diskussion um Erbschaft und Vermögensungleichheit wichtig. Denn Solidarität wird in unserem Gesellschaftsvertrag nicht nur innerhalb der Familie, sondern auch innerhalb der Gesellschaft und zwischen gesellschaftlichen Gruppen und Generationen definiert. Das Problem ist nicht, dass die

Reichsten zu viel haben, sondern dass 40 Prozent der Deutschen überhaupt kein Vermögen haben, nichts erben und es schwer für sie ist, selbst Vorsorge für sich zu betreiben. Gleichzeitig wird von der jungen Generation gefordert, Rente und Gesundheit für die ältere Generation bereitzustellen. Dies hat zu einer Unwucht in unserem Gesellschaftsvertrag geführt.

Die junge Generation kommt dabei zu kurz – vor allem die Menschen, die nicht das Glück haben, zu erben. Die Politik scheitert immer häufiger daran, jedem jungen Menschen die gleichen Startbedingungen zu ermöglichen – von Bildungs- und Qualifizierungs- bis hin zu finanziellen Chancen.

Deshalb ist es nicht überraschend, dass trotz gesamtwirtschaftlich guter Zeiten 70 Prozent der Deutschen das Solidaritätsversprechen unseres Gesellschaftsvertrags als gebrochen und die soziale Ungleichheit als zu hoch empfinden. Und diese Ungleichheit verursacht auch ganz konkrete wirtschaftliche Kosten für unser Land, denn die eingeschränkte Chancengleichheit hindert viele Menschen daran, ihre Fähigkeiten und Talente zu entwickeln und wertschöpfend einzubringen.

Ein Lebenschancenerbe mit einer Reform der Erbschaftsteuer

Was Erbschaften betrifft, so ist bemerkenswert, dass es zwar noch eine Erbschaftsteuer gibt, diese jedoch sehr ungleich angewendet wird. Denn in Deutschland wird nicht nur sehr viel vererbt, sondern Erbschaften und Schenkungen werden ungewöhnlich gering und ungleich besteuert. Nach Freibetrag zahlen Menschen mit vergleichsweise geringen Erbschaften im Durchschnitt zehn Prozent an Steuern. Menschen mit über zehn Millionen Euro an Erbschaften von Unternehmen zahlen dagegen im Durchschnitt nur fünf bis sechs Prozent auf diesen Wert.

Dieser Unterschied entsteht vor allem durch die großzügigen Ausnahmen bei der Vererbung von Unternehmen. Sie sollen eine sogenannte Substanzbesteuerung verhindern. Gerade für die so wichtigen Familienunternehmen, so die Sorge, könnten zu hohe Erbschaftsteuern schädlich sein. Das könnte dann der Fall sein, wenn der Erbe die Steuer aus der Unternehmenssubstanz zahlen will oder muss.

Das Bundesverfassungsgericht hat jedoch wiederholt angemahnt, dass die Unternehmen bei der Erbschaftsteuer zu großzügig behandelt werden. So zeigt eine Studie des DIW Berlin, dass zwischen 2011 und 2014 eine Gruppe von weniger als hundert Menschen Erbschaften und Schenkungen von zusammen sage und schreibe 30 Milliarden Euro steuerfrei erhalten haben: Es handelte sich um 90 Kinder unter 14 Jahren. Jedes dieser Kinder erhielt im Durchschnitt also 327 Millionen Euro. Keines von ihnen zahlte dafür Steuern.

Das Beispiel dieser Kinder ist extrem. Aber auch ganz generell werden Vermögen hierzulande im internationalen Vergleich ungewöhnlich niedrig besteuert – der Staat nimmt an vermögensbezogenen Steuern nur knapp ein Viertel des Aufkommens von Ländern wie Frankreich, Großbritannien oder den USA ein. In den letzten Jahren betrugen die Staatseinnahmen spezifisch durch die Erbschaftsteuer knapp acht Milliarden Euro im Jahr. Und obwohl der Wert der Erbschaften und Schenkungen in den vergangenen zehn Jahren kräftig angestiegen ist, blieben die Steuereinnahmen auf einem niedrigen Niveau.

Wir brauchen deshalb eine neue Debatte über unseren Gesellschaftsvertrag und vor allem über die Frage, wie allen Menschen der jungen Generation eine faire Chance gegeben werden kann, ihr Leben selbst zu gestalten – und nicht nur der Hälfte, die das Glück hatte, in eine finanziell gut gestellte und bildungsstarke Familie geboren zu sein.

Die Politik sollte deshalb eine faire Erbschaftsteuer einführen, die privilegierte Gruppen nicht auch steuerlich noch besserstellt. Dabei wäre es durchaus möglich, das System so umzugestalten, dass es unabhängiger wird vom finanziellen Glück oder Pech der Familienmitglieder. Möglich würde dies durch eine sogenannte *Flat Tax*, bei der alle Erbschaften oberhalb bestimmter Freibeträge mit dem gleichen Steuersatz belastet würden. Dabei darf es nicht zu einer Substanzbesteuerung von Familienunternehmen kommen, und es müssen trotzdem zusätzliche Steuereinnahmen generiert werden. Wenn diese *Flat Tax* etwa bei 15 Prozent läge, würden jedes Jahr schätzungsweise 15 bis 20 Milliarden Euro zusätzlich in die Staatskasse kommen.

Diese Summe könnte dann für eine weitere wichtige Maßnahme genutzt werden: ein Lebenschancenerbe. Ein solches »Grunderbe« würde jungen Menschen nicht nur eine bessere Bildung, sondern auch bessere finanzielle Chancen und vor allem auch mehr Chancengerechtigkeit ermöglichen. Mit Vollendung des ersten Berufsabschlusses könnte jeder Mensch einen finanziellen Anspruch auf staatliche Leistungen für Bildung, Zeitsouveränität und andere gesellschaftliche Prioritäten erhalten. Dann würden nicht nur die Kinder reicher Eltern gute Startbedingungen erhalten, sondern alle.

Zu erben kann ein Glück sein. Anstatt Erben und Erbinnen dieses Geschenk wegzunehmen, sollte es Ziel der Politik sein, mit einem Lebenschancenerbe allen jungen Menschen die Freiheit zu geben, ihr Leben stärker selbst in die Hand zu nehmen, sich eine gute Ausbildung und Qualifizierung zu ermöglichen, berufliche Risiken einzugehen, eine Familie auf solider finanzieller Basis zu gründen und sich andere Lebenswünsche zu erfüllen.

Beim Lebenschancenerbe würde jede und jeder im Alter von 21 Jahren nach dem ersten Berufsabschluss mit einem Chancenkonto von 30 000 Euro ausgestattet, mit dem sie oder er im Laufe des Lebens Qualifizierung, Fortbildung, berufliche Selbstständigkeit, Auszeiten für die Familie, für ehrenamtliche Tätigkeiten oder andere gesellschaftlich relevante Aufgaben finanzieren kann. Dadurch würden alle mehr Eigenverantwortung und Gestaltungsspielräume erhalten.

Es würden davon also nicht nur alle profitieren, sondern es würde den jungen Menschen die Eigenverantwortung geben, ihr Leben so zu gestalten, wie sie es für richtig halten. Eine solche Eigenverantwortung ist essenziell für eine funktionierende soziale Marktwirtschaft und für eine von der großen Mehrheit empfundene Gerechtigkeit.

In der Diskussion um Erbschaften und Vermögen sollte es nicht um Neid gehen. Unser großer wirtschaftlicher Erfolg wäre ohne das Risiko und kluge Handeln einzelner Menschen und Familien nicht möglich. Solidarität als Teil eines funktionierenden Gesellschaftsvertrags kann jedoch nicht nur für Familien definiert werden, sondern muss für die gesamte Gesellschaft gelten. Deshalb sollte die Politik sicherstellen, dass alle Menschen gute Chancen erhalten.

Arbeit, Steuern und die fehlende Chancengleichheit

Ein zweiter zentraler Grund für die Tatsache, dass so viele Menschen kein Erspartes haben und die Ungleichheit bei Vermögen so groß ist, sind die Löhne und Einkommen für die Arbeit, die fast 45 Millionen Menschen täglich erbringen. Deutschland ist zweifellos eines der reichsten Länder der Welt mit der höchsten Produktivität der Beschäftigten und Unternehmen. Die Löhne und Einkommen sind daher im internationalen Vergleich hoch. Aber die Lebenshaltungskosten sind ebenfalls hoch und durch steigende Mieten gerade in den Städten in den vergangenen Jahren für Beschäftigte mit geringen Einkommen nochmals deutlich gestiegen. Ungewöhnlich viele Menschen können also nicht sparen, weil sie ihr komplettes monatliches Einkommen für ihren Lebensunterhalt benötigen.

Bei den Markteinkommen, also den monatlichen Einkommen vor Steuern und Abgaben, ist die Ungleichheit in Deutschland im internationalen Vergleich recht hoch – sie liegt im oberen Drittel aller Industrieländer. Aber richtig ist auch: Ein starker Sozialstaat verteilt über zahlreiche Maßnahmen vergleichsweise viel um, sodass die Ungleichheit bei den verfügbaren Einkommen im Durchschnitt der Industrieländer liegt.

Es ist daher erforderlich, sich die Entwicklung bei Löhnen und Einkommen im Detail anzuschauen. Hier zeigen sich vor allem zwei Dinge: zum einen, dass die Ungleichheit der Einkommen in den letzten vierzig Jahren auch in Deutschland stark zugenommen hat; und zum anderen, dass hierzulande über die Jahre einer der größten Niedriglohnsektoren in Europa geschaffen wurde.

Einkommensungleichheit, Privatisierung und technologischer Wandel

Die Einkommensungleichheit in Deutschland ist heute so hoch wie vor hundert Jahren und höher als jemals sonst in der Nachkriegszeit. Das ist eines der Resultate des World Inequality Report, einer Studie zur globalen Ungleichheit. Sie wurde von hundert internationalen Forschern unter Leitung des französischen Ökonomen Thomas Piketty erstellt. Auch unser Institut, das DIW Berlin, war beteiligt.

Die Fakten sprechen eine klare Sprache: Zwar hat die Ungleichheit zwischen den Staaten abgenommen. Schwellenländer wie China haben aufgeholt und so den Abstand zu den reichen Ländern in Europa und Nordamerika verringert. Aber innerhalb der Gesellschaften ist die Ungleichheit von Einkommen und Vermögen seit den 1960er-Jahren fast überall massiv gewachsen. Seitdem sind die Einkommen der unteren Hälfte im Vergleich zur oberen Hälfte gesunken, statt zu steigen.

So ist es auch in Deutschland. Der Anteil der Markteinkommen der unteren 50 Prozent hat sich gegenüber der besser verdienenden Hälfte der Bevölkerung seit den 1960er-Jahren fast halbiert. Früher wurden mehr als 30 Prozent des insgesamt erwirtschafteten Einkommens von der einkommensschwächeren Hälfte der Bevölkerung erzielt. Heute sind es nur noch 17 Prozent. Die oberen zehn Prozent dagegen haben ihren Anteil auf 40 Prozent erhöhen können.

Die Studie nennt für diese starke, in fast allen Ländern zu beobachtende Zunahme der Ungleichheit verschiedene Gründe. Eine Erklärung liegt in der Privatisierung öffentlicher Vermögen wie Immobilien, Grundstücken und staatlicher Unternehmen. Zwar ist eine solche Privatisierung nicht per se schlecht, da private Unternehmen häufig besser und effizienter wirtschaften und innovativer sind als eine staatliche Planwirtschaft. Aber nach einer Privatisierung ist meistens nicht sichergestellt, dass die öffentliche Hand, und damit die Bürgerinnen und Bürger, eine Teilhabe am Erfolg der privaten Unternehmen haben.

Auch der technologische Wandel hat in den vergangenen drei Jahrzehnten zu einem Anstieg der Ungleichheit bei Einkommen und Vermögen sowie zu einer Polarisierung der Arbeitswelt beigetragen. Denn Menschen mit guter Qualifikation und Netzwerken konnten diesen Wandel in einer zunehmend globalisierten Welt mit einem wachsenden Welthandel eher für sich nutzen als die schlechter qualifizierten und weniger vernetzten.

Dies ist allerdings keine zwangsläufige Folge der Globalisierung, sondern spiegelt das Scheitern einer kurzsichtigen Politik wider. Bereits heute gibt es fast eine Million offener Stellen in Deutschland – in fast allen Berufszweigen und Qualifizierungen. Dem gegenüber stehen mehr als eine Million Langzeitarbeitslose sowie viele weitere Millionen von atypisch Beschäftigten in prekären Beschäftigungsverhältnissen mit niedrigen Löhnen. Das Problem ist nicht, dass es keine guten Jobs gäbe, sondern dass es für einen großen Teil der Beschäftigten nicht genug Qualifizierung und Schutz gibt.

So sind die Markteinkommen in den vergangenen Jahren immer ungleicher geworden. Der Niedriglohnsektor ist gewachsen. Und obwohl der Staat über die Jahrzehnte einen immer höheren Anteil der Wirtschaftsleistung für Transferleistungen der Sozialsysteme aufbringt, ist die Ungleichheit auch bei den verfügbaren Einkommen, also inklusive Steuern und Transferleistungen, in den vergangenen Jahrzehnten deutlich gestiegen. Oder anders gesagt: Obwohl der Staat versucht, die Ungleichheit der Einkommen durch Steuern und Transfers zu reduzieren, gelingt ihm dies dauerhaft nicht. Auch hier steigt die Ungleichheit – etwa im gleichen Maße wie in anderen Industriestaaten.

Fehlende Chancengleichheit

Während die verfügbaren Einkommen also nicht ungleicher verteilt sind als in anderen Industrieländern, zählt die Ungleichheit bei den Markteinkommen hierzulande zu den höchsten und ist fast so hoch wie in den USA. Das reflektiert eine geringe Chancengleichheit und damit auch eine niedrige soziale Mobilität.

Das liegt darin begründet, dass das Einkommen der Spitzenverdiener überwiegend aus Unternehmensbesitz resultiert. Mehr als 80 Prozent dieser Unternehmen befinden sich in der Hand von Familien, die diesen Besitz dank großzügiger Ausnahmeregelungen der Erbschaftsteuer fast steuerfrei an die nächste Generation weitergeben können.

Zum anderen sind die zu geringe Qualität und die fehlende Inklusion innerhalb des Bildungssystems eine Ursache dafür. In Deutschland hängen die Bildungs- und Berufschancen nur sehr begrenzt von den Talenten und Fähigkeiten der jungen Menschen, sondern viel mehr von Einkommen und Bildungsgrad ihrer Eltern ab. 74 Prozent der Nachkommen aus akademischen Haushalten besuchen eine Universität, jedoch nur 21 Prozent aus Nichtakademikerhaushalten.

In den ersten Lebensjahren, sogar schon im ersten Lebensjahr eines Kindes, werden heutzutage die Weichen gestellt für dessen Zukunft. In vielen Teilen der USA, in Japan oder in China manifestiert sich dies bereits heute in einem harten Wettbewerb der

Eltern um den Zugang zu den besten Kindergärten, Schulen und Hochschulen. In den USA sind die Unterschiede im Bildungssystem enorm. Eltern wählen nicht selten ihren Wohnort nach der Qualität des örtlichen Schulsystems. Kinder im Alter von fünf Jahren müssen harte Aufnahmeprüfungen bestehen, um auf die besten Schulen zu kommen.

Im Alter von etwa 17 Jahren steht der nächste gnadenlose Wettbewerb an: die Bewerbung um die besten Universitäten. Die Aufnahme in eine der sogenannten Ivy-League-Universitäten garantiert den Absolventen einen guten Berufseinstieg mit hohem Gehalt. Selbst talentierte Jugendliche haben aber wenig Chancen auf eine gute Universität, wenn sie von schlechten Schulen kommen. Zusätzlich beschränken die enorm hohen Studiengebühren selbst an staatlichen Hochschulen die Möglichkeiten für Jugendliche aus einkommensschwachen Familien.

Deutschland ist zwar noch weit entfernt von einem so polarisierenden Bildungssystem. In weiten Teilen ist das Studium hierzulande noch kostenlos, und auch dort, wo Gebühren erhoben werden, sind sie deutlich geringer als in den USA. Doch auch bei uns hängt der Bildungsabschluss eben stark vom Bildungsgrad und Einkommen der Eltern ab. Die Unterschiede im Bildungssystem zwischen Regionen, Bundesländern und auch Bezirken sind riesig geworden. Bildungsinvestitionen werden zu häufig per Gießkannenprinzip verteilt und nicht nach den Bedürfnissen einzelner Schulen und Kinder und Jugendlichen.

Kaum ein Land besteuert Arbeit so stark und Vermögen so gering

Auch das Steuersystem muss sich ändern. Dass wir Vermögen so stark entlasten und Einkommen aus Arbeit so stark belasten, ist ein Problem. Nicht nur im internationalen Vergleich oder in Bezug auf das Gerechtigkeitsempfinden. Es geht in erster Linie um wirtschaftliche Effizienz.

Wenn Arbeit sich – gerade für Menschen mit geringen Qualifikationen und Einkommen – wieder mehr lohnt, werden sie auch mehr am Arbeitsleben teilnehmen und mehr in ihre Bildung und Qualifizierung investieren können. Eine zu hohe Konzentration von Ressourcen in wenigen Händen kann außerdem dazu führen, dass sich die wohlhabenden Unternehmer, um ihr Risiko zu senken, auf den Erhalt ihres Vermögens konzentrieren und nicht mehr in die Entwicklung innovativer Produkte investieren.

Wir sollten uns ehrlich eingestehen, dass die in Deutschland herrschende Ungleichheit kein zwangsläufiger Kollateralschaden einer funktionierenden Marktwirtschaft ist, sondern vor allem aus fehlender Chancengleichheit folgt. Sie gilt es zu bekämpfen. Eine Investitionsoffensive in Bildung, Qualifizierung und Teilhabe wie auch ein ausgewogenes Steuersystem sollten daher wichtige Prioritäten für die neue Bundesregierung sein.

Die Niedriglohnfalle

Die Politik streitet sich seit Langem um die Frage, wie dieser Niedriglohnbereich reformiert und verkleinert werden kann. Niedrige Löhne bedeuten nicht nur eine begrenzte soziale Teilhabe und Schwierigkeiten, die Miete zahlen zu können. Sie bedeuten auch geringe Rentenansprüche und im Alter kaum Rentenzahlungen. Dazu kommt, dass viele in Teilzeit arbeiten und unterbrochene Erwerbsbiografien haben.

Wenn sich Arbeit kaum lohnt, dann kann es uns auch nicht überraschen, dass immer mehr Menschen auf Leistungen des Sozialstaats angewiesen sind. Gleichzeitig wird der Sozialstaat für den Einzelnen immer weniger leistungsfähig. Arbeit muss angemessen entlohnt werden, um Menschen eine bessere Absicherung und Eigenverantwortung zu ermöglichen und gleichzeitig den Sozialstaat zu entlasten.

Die Fakten zu unserem Niedriglohnsektor sind ernüchternd: Es gibt neun Millionen Beschäftigungsverhältnisse mit Niedriglöhnen, davon sind rund acht Millionen Hauptjobs, das heißt: Acht Millionen Menschen müssen ihren Lebensunterhalt von diesen niedrigen Löhnen bestreiten. Das Argument, Niedriglöhne beträfen in erster Linie Neben- oder Studentenjobs, trägt also nicht.

Der Anteil derer, die im Niedriglohnbereich arbeiten, betrug Mitte der 1990er-Jahre 16 Prozent aller abhängig Beschäftigten, heute liegt er bei über 20 Prozent. Dies hängt keineswegs damit zusammen, dass der Median, also der Referenzwert bei den Stundenlöhnen, gestiegen ist und die Menschen mit niedrigen Löhnen somit abgehängt worden sind. Das Gegenteil ist sogar der Fall: Der reale Stundenlohn des Medians ist seit Mitte der

1990er-Jahre kaum gewachsen. Die starke Ausdehnung des Niedriglohnbereichs ist vielmehr die Folge sinkender Reallöhne bei mehr als einem Viertel der Beschäftigten mit den niedrigsten Stundenlöhnen. Die Reallöhne der zehn Prozent der Beschäftigten mit den niedrigsten Stundenlöhnen sind seit 1995 um zehn Prozent gefallen. Die Reallöhne der oberen 50 Prozent dagegen sind deutlich gewachsen.

Dabei sollte nicht unerwähnt bleiben, dass die Einführung des Mindestlohns im Jahr 2015 – und die stetige Anhebung danach – geholfen hat, den Niedriglohnsektor temporär zu schrumpfen. Auch bei vielen, die ursprünglich über dem Mindestlohn von anfänglich 8,50 Euro verdienten, ist der Stundenlohn gestiegen. Diese Verbesserung scheint jedoch nur temporär gewesen zu sein. Der Niedriglohnsektor ist seit 2017 nicht mehr merklich geschrumpft.

Minijobs und geringe Tarifbindung

Wer erhält Niedriglöhne? Es sind vor allem Frauen: 28 Prozent aller weiblichen Beschäftigten. Bei den Männern liegt der Anteil bei 17 Prozent. Auch 40 Prozent aller alleinerziehenden Eltern, 30 Prozent der Beschäftigten mit Migrationshintergrund, ein Drittel der Beschäftigten aus Ostdeutschland und Menschen mit geringem Bildungsgrad finden sich besonders häufig im Niedriglohnsektor wieder.

Beinahe zwei Drittel der Menschen, die für niedrige Löhne arbeiten, bleiben mittelfristig in diesem Niedriglohnsektor gefangen, zeigt die Studie auch. Die häufig geäußerte Hoffnung, viele Menschen würden Niedriglöhne nur übergangsweise bekommen und dann den Aufstieg schaffen, erfüllt sich damit nicht. Niedriglöhne sind kein Sprungbrett, sondern eine Fallgrube. Nur die wenigsten können sich durch Qualifizierung oder Aufstieg selbst aus dem Niedriglohnsektor herausziehen und finanziell besserstellen. Und der Niedriglohnjob ist für die meisten eben nicht nur ein Nebenerwerb.

Diese fehlende Mobilität erweist sich für die Gesellschaft als Bumerang. Menschen, die langfristig zu geringen Stundenlöhnen arbeiten, werden in eine permanente Abhängigkeit vom Sozialstaat getrieben. Sie sind während ihres Arbeitslebens stark auf soziale Leistungen angewiesen und erfahren im Alter einen weiteren Einschnitt in ihrem Lebensstandard, weil sie selbst kaum Vorsorge betreiben und nur geringe Ansprüche an die gesetzliche Rente erwerben konnten. Sie bleiben auch im Alter auf Unterstützung angewiesen.

Warum arbeiten so viele Menschen so lange zu derart niedrigen Löhnen? Ein Grund sind die Minijobs, die einerseits häufig niedrig entlohnt werden und andererseits viele Beschäftigte in einem geringfügigen Arbeitsverhältnis gefangen halten. Die Betroffenen müssten nämlich einen großen Sprung in ihrem Bruttoeinkommen machen, damit sich das finanziell für sie lohnt.

Ein zweiter Faktor ist die abnehmende Bedeutung der Sozialpartnerschaft, also die schwindende Rolle der Gewerkschaften und der Tarifbindung. Nur wenige Arbeitsverträge im Niedriglohnsektor haben eine Tarifbindung, sodass die Arbeitnehmer wenig Verhandlungsmacht gegenüber ihren Arbeitgebern haben. Hinzu kommt die geringe Qualifizierung vieler Menschen im Niedriglohnbereich. Viel zu viele haben noch immer keinen Berufsabschluss oder arbeiten in Berufen, für die sie keine Qualifikation brauchen. Aber auch wenn Qualifizierung und Weiterbildung essenzielle Maßnahmen sind, darf man sich davon nicht zu viel versprechen.

Die Leistungsträgerinnen

Wir hatten im ersten Kapitel bereits gefragt, was Leistung ist, wie man sie misst und wer die Leistungsträger unserer Gesellschaft sind. Die »Heldinnen und Helden« der Corona-Pandemie – die Pflegerinnen und Pfleger, die Menschen in der Gebäudereinigung, in den Supermärkten und im öffentlichen Nahverkehr, das Fachpersonal im Gesundheitssystem und viele andere mehr, ohne die das tägliche Leben nicht hätte aufrechterhalten werden können – sind uns dort schon begegnet. Für ihre Arbeit wurden sie während der Pandemie beklatscht und bejubelt; je mehr sich die Intensivstationen füllten und die Klopapierregale leerten, desto lauter.

Das ganze Land lernte eine neue Bezeichnung für diese Berufe kennen. Finanziell zahlt sich diese Systemrelevanz jedoch nicht aus: Arbeitnehmer erhalten hier im Durchschnitt weniger Einkommen und weniger Sicherheit als Menschen in anderen Berufsgruppen. Der Bruttostundenlohn liegt im Durchschnitt um 15 bis 20 Prozent niedriger als in nicht systemrelevanten Berufen. Eine ganze Reihe systemrelevanter Berufe erhält eine so geringe Bezahlung, dass sie in den Niedriglohnbereich fallen.

Die Tatsache, dass Menschen in systemrelevanten Berufen wenig Wertschätzung und geringe Löhne erhalten und diese Berufe überproportional oft von Frauen ausgeübt werden, ist im internationalen Vergleich »normal«. Unüblich ist aber der in Deutschland relativ große Gender-Pay-Gap, der sich hier zeigt: Frauen erzielen in diesen Bereichen im Durchschnitt um 20 Prozent niedrigere Bruttostundenlöhne als Männer. Diese Lücke ist größer als in vielen vergleichbaren Ländern. Zwar sind in gewissem Maße auch Unterschiede in der Qualifikation, Berufserfahrung sowie Teilzeit dafür verantwortlich. Klar ist aber auch, dass diese Unterschiede nicht in Stein gemeißelt sind, sondern verändert werden können.

Die Politik kann einiges dafür tun, dass sich die während Corona von den Balkonen geklatschte Wertschätzung in einer besseren Bezahlung und einer größeren Arbeitsplatzsicherheit niederschlägt. Dafür wären mehr verbindliche Tarifverträge genauso wichtig wie eine generell bessere Entlohnung dieser Berufe. Das würde sie attraktiver machen und gerade auch Frauen im Berufsleben besserstellen.

Ein Mindestlohn von zwöf Euro als Lösung?

Die neue Bundesregierung hat versprochen, einen Mindestlohn von zwölf Euro einzuführen. Er ist jedoch umstritten. Die einen erhoffen sich davon einen deutlichen Anstieg der sozialen Gerechtigkeit, die anderen werten ihn als unberechtigten Eingriff in die Tarifautonomie und befürchten Arbeitsplatzverluste. Aber eine wissenschaftliche Studie von Ökonominnen und Ökonomen des University College London kommt zu einer erstaunlich klaren Antwort in dieser Frage: Der Mindestlohn zahlt sich aus – ohne ihn würde die Einkommensschere noch weiter aufgehen.

Dabei waren die Aufregung und der Widerstand groß, als sich die große Koalition nach den Bundestagswahlen 2013 auf die Einführung eines Mindestlohns in Höhe von 8,50 Euro pro Stunde ab 2015 festlegte. Die Gewerkschaften waren anfänglich nicht begeistert. Generell zwar immer für höhere Löhne zu begeistern, befürchteten sie einen Eingriff in ihren Einflussbereich, stimmten dann jedoch zu. Zahlreiche deutsche Ökonomen warnten ebenso wie die Unternehmen vor einer rückwärtsgewandten Wirtschaftspolitik und prognostizierten einen Verlust von bis zu einer Million Arbeitsplätzen durch den Mindestlohn.

Der Mindestlohn kam – und war ein großer Erfolg. Vor allem für die Beschäftigten, aber auch für die Beschäftigung. Was sich nach der Einführung schnell abzeichnete, belegt nun die eingangs genannte Studie wissenschaftlich. Sie zeigt, dass der Mindestlohn die Löhne von mehr als fünf Millionen Beschäftigten (oder 15 Prozent aller Beschäftigten) zum Teil erheblich erhöhte – und damit auch deren Einkommen und Lebensstandard. Die Einführung des Mindestlohns stabilisierte und reduzierte sogar die Ungleichheit der verfügbaren Einkommen.

Die Untersuchung zeigt auch, dass der Mindestlohn netto keine Arbeitsplätze vernichtet hat. Die wichtigste Erkenntnis aber ist, dass seine Einführung zu einer Reallokation von Arbeitsplätzen von schlechter zu besser zahlenden Unternehmen und produktiveren Firmen geführt hat. Und dieser Effekt fiel in strukturschwächeren Regionen sogar besonders stark aus. Das kann für diese Regionen hilfreich sein, um im Wettbewerb attraktiver für Beschäftigte und Unternehmen zu werden.

Ein Mindestlohn von zwölf Euro würde mittlerweile fast zehn Millionen Beschäftigte in Deutschland direkt oder indirekt betreffen. 2015 waren es noch fünf Millionen. Niemand kann daher zuverlässig prognostizieren, wie sich das auswirken würde. Aber fünf gute Argumente sprechen dafür, dass mehr Grund zu Optimismus als zu Pessimismus besteht.

Nach der Pandemie befindet sich das Land in einer wirtschaftlichen Erholungsphase. Vor allem auch ein Boom der Weltwirtschaft wird gerade den deutschen Unternehmen zugutekommen.

Viele Unternehmen stehen vor einer wichtigen Transformation in Bezug auf Klimaschutz und Digitalisierung. Einige werden in den kommenden Jahren vom Markt verschwinden, andere sich grundlegend wandeln und wieder andere neu entstehen. Diese Transformation erfordert eine erhebliche Reallokation von Beschäftigten zwischen Unternehmen und auch Wirtschaftssektoren, was der Mindestlohn ja gerade befördert, wie die erwähnte Studie bestätigt hat.

Ein Mindestlohn von zwölf Euro ist auch eine gute Konjunktur- und Finanzpolitik. Denn wie neue Berechnungen zeigen, werden die Lohnsummen von fast zehn Millionen Menschen durch den Mindestlohn um 18 Milliarden Euro im Jahr steigen – und somit die Nachfrage und das Wirtschaftswachstum stärken. Das bedeutet auch höhere Steuereinnahmen und Sozialbeiträge, die sich auf zehn Milliarden Euro an zusätzlichen staatlichen Einnahmen addieren könnten. Die Sozialausgaben des Staates sinken hingegen, da weniger Menschen mit Sozialleistungen unterstützt werden müssen.

Es gibt einen erheblichen Arbeitskräftemangel, der bereits vor der Pandemie bestand und sich durch die demografische Entwicklung in den kommenden Jahren intensivieren dürfte. Zu Recht lässt sich einwenden, dass einige der Beschäftigten im Niedriglohnbereich geringe Qualifikationen haben und daher auch einem Fachkräftemangel nicht entgegenwirken können. Die Erfahrung zeigt jedoch, dass der Mindestlohn für recht viele Menschen Chancen eröffnet, in produktivere Jobs und Unternehmen zu kommen.

Die Forschung zeigt, dass eine bessere Bezahlung die Loyalität der Beschäftigten erhöht und damit auch zu einem geringeren Arbeitsplatzwechsel führt. Davon profitieren die Unternehmen, da es ihre Kosten für Neueinstellungen und Qualifikationen ihrer Beschäftigten reduziert. Der Mindestlohn kann somit die Produktivität steigern und von erheblichem gesamtwirtschaftlichen Nutzen sein. Er würde den Druck auf viele Unternehmen erhöhen, mehr in die Qualifikation und Produktivität ihrer Beschäftigten zu investieren.

Trotzdem sollte sich die Politik nicht zu sehr auf den Mindestlohn verlassen. Er ist immer nur eine Krücke und das Eingeständnis, dass Sozialpartnerschaften zwischen Arbeitgebern und Arbeitnehmenden nicht funktionieren, dass also Beschäftigte nicht die Macht und Möglichkeit haben, einen fairen, angemessenen Lohn für sich auszuhandeln. Daher muss die Politik die Sozialpartnerschaft stärken und mehr auf Tarifeinheit für einzelne Sektoren pochen.

Vor allem aber muss die Politik mehr investieren, um das Umgehen des Mindestlohns zu unterbinden. Das DIW Berlin hat das wiederholt angemahnt. Ebenso wichtig wird es sein, die Anzahl von Schulabbrechenden zu reduzieren, mehr Ausbildungsplätze zu schaffen und vor allem auch Langzeitarbeitslosen Perspektiven zu eröffnen, wie beispielsweise durch das solidarische Grundeinkommen, das derzeit in Berlin getestet wird.

Es gibt keine einfachen Lösungen, um Menschen bessere Löhne und Arbeitsbedingungen zu ermöglichen. Aber ein Mindestlohn von zwölf Euro könnte ein wichtiger Schritt in dieser sozialen und wirtschaftlichen Mission sein. Und für viele Menschen wäre er eine wichtige Voraussetzung, um etwas sparen zu können und sich damit aus eigener Kraft besser absichern zu können.

Der Sozialstaat ist nicht der Grund für geringe Vermögen

Immer wieder taucht das Argument auf, die Vermögen in Deutschland seien deswegen so ungleich, weil wir einen so starken Sozialstaat hätten. Die Menschen am unteren Ende der Vermögensverteilung würden bewusst nichts ansparen wollen, weil sie ja wüssten, dass sich der Staat um sie kümmere. Oder es heißt, die Vermögen seien gar nicht so klein, weil man etwa staatliche Rentenansprüche, geringe Mieten oder sonstige Leistungen, die unser Sozialstaat garantiert, zum Vermögen hinzurechnen müsse.

Ist unser starker Sozialstaat verantwortlich für die hohe Ungleichheit der privaten Vermögen und die Tatsache, dass 40 Prozent der Deutschen praktisch kein Erspartes haben und damit auch kaum private Vorsorge betreiben?

Häufig fällt in dieser Diskussion der Verweis auf die nordischen Länder, die ebenfalls eine hohe Ungleichheit bezüglich Vermögen und Erspartem aufweisen. Denn der dortige Gesellschaftsvertrag ist unserer sozialen Marktwirtschaft sehr ähnlich, mit einer Betonung von Chancengleichheit, Teilhabe und Solidarität. Skandinavien ist nicht nur wirtschaftlich erfolgreich, sondern seine BürgerInnen und Bürger haben die höchste Lebenszufriedenheit der Welt.

Und tatsächlich gibt es in Dänemark, Finnland, Schweden und Norwegen einen ähnlich hohen Anteil an Einwohnern, die wenig privates Nettovermögen haben, zum Beispiel eine Immobilie, Finanzanlagen oder Erspartes (abzüglich von Verbindlichkeiten). Hier hören die Gemeinsamkeiten zwischen Deutschland und den nordischen Ländern jedoch auf, wie Zahlen der

Organisation für wirtschaltliche Zusammenarbeit und Entwicklung (OECD) eindrucksvoll zeigen.

In den nordischen Ländern gehören Menschen ohne Nettovermögen einer ganz anderen gesellschaftlichen Gruppe an als in Deutschland. Häufig sind es Menschen, die signifikante Bruttovermögen besitzen, aber gleichzeitig auch hoch verschuldet sind. So mag in Norwegen eine junge Familie mit zwei sehr gut ausgebildeten Eltern, die ein Eigenheim erwirbt, zumindest eine Zeit lang höhere Schulden haben als Vermögen – also unter dem Strich ein negatives Nettovermögen. Aber dies kann eine freie, bewusste und auch sinnvolle Entscheidung dieser Familie sein, wenn es nur eine Zeit lang anhält und die Grundlage für den Vermögensaufbau ist.

Hier liegt der entscheidende Unterschied: In unserem Land sind die 40 Prozent ohne Nettovermögen meist Familien oder Alleinstehende mit niedrigen Einkommen, geringen Qualifikationen und wenig Chancen auf den sozialen und wirtschaftlichen Aufstieg. Es sind meist Menschen, die kaum darauf hoffen können, zum Beispiel über Erbschaften oder Schenkungen zu Vermögen zu kommen. In den nordischen Ländern haben Menschen ohne Nettovermögen viel häufiger mittlere oder hohe Einkommen, sind besser ausgebildet und haben bessere Chancen, etwas zu erben.

Wie leistungsstark ist der deutsche Sozialstaat?

Hinzu kommt, dass der Sozialstaat in Deutschland bei Weitem nicht so leistungsfähig ist wie in den nordischen Ländern. Hierzulande sind mehr als doppelt so viele Menschen von Einkommensarmut bedroht wie in Skandinavien. Dies gilt vor allem für

Kinder und andere Gruppen wie alleinerziehende Eltern (meist Mütter).

Der Sozialstaat legt in den nordischen Ländern einen hohen Wert auf Chancengleichheit. So ist die Ungleichheit der Markteinkommen dort sehr viel geringer. In Deutschland sind vor allem die Aufstiegschancen für Menschen aus einkommensschwachen und bildungsfernen Familien ungleich geringer. Der deutsche Sozialstaat ist eher »deaktivierend«. Er versucht, die großen Ungleichheiten am Arbeitsmarkt und im Bildungssystem im Nachhinein durch Umverteilung zu ebnen.

Die Vorsorgesysteme der nordischen Länder garantieren meist auch eine bessere Absicherung, vor allem für Menschen mit geringen Einkommen und wenig Vermögen. In Deutschland benötigen die Menschen ihr gesamtes monatliches Einkommen, um den Lebensunterhalt ihrer Familie zu bestreiten. Der deutsche Sozialstaat ist weit weniger erfolgreich dabei, ihnen eine ausreichende soziale Absicherung zu gewährleisten. Die nordischen Länder nutzen ihren Sozialstaat deutlich besser, um Chancengleichheit und soziale Mobilität zu fördern und ihren Bürgerinnen und Bürgern somit mehr Freiheit in Bezug auf ihre Lebensentscheidungen und Vermögensbildung zu geben.

Das Rentensystem als Umverteilung von unten nach oben

Unser Rentensystem entwickelt sich immer stärker zu einer massiven Umverteilung von unten nach oben, von Arm zu Reich. Einer der wichtigsten Treiber dieser Ungleichheit liegt in den unterschiedlichen Lebenserwartungen je nach Stellung im Beruf oder Bildungsniveau.

Schuld ist ein Grundpfeiler der gesetzlichen Rente: das sogenannte Äquivalenzprinzip. Jeder Euro, der von Arbeitnehmern in die Rentenkasse eingezahlt wird, erzielt den gleichen Anspruch an monatlichen Rentenzahlungen im Alter. Das klingt erst einmal fair, ist es aber nicht. Denn wie eine Studie des DIW Berlin im Auftrag des Sozialverbands VdK zeigt, haben Menschen mit physisch und psychisch anspruchsvoller Arbeit nicht nur eine höhere Wahrscheinlichkeit, berufsunfähig zu werden, sondern sie haben vor allem eine deutlich geringere Lebenserwartung. Die Lebenserwartung eines Arbeiters ist beim regulären Renteneintritt mehr als fünf Jahre geringer als die eines Beamten. Der Unterschied bei Frauen ist geringer, aber mit drei Jahren immer noch deutlich.

Dies hat zur Folge, dass das Äquivalenzprinzip eigentlich Augenwischerei und ein Vehikel der Umverteilung ist. Denn Menschen mit einer physisch wie psychisch anspruchsvollen Arbeit werden mit hoher Wahrscheinlichkeit ihre Rente für einen deutlich kürzeren Zeitraum beziehen als Beamte und Beamtinnen, die in den allermeisten Fällen Bürojobs machen. Hinzu kommt, dass eine starke Korrelation zum Einkommen besteht: Arbeiterinnen und Arbeiter haben nicht nur eine deutlich kürzere Lebenserwartung, sondern beziehen geringere Löhne und Einkommen und somit auch niedrigere monatliche Renten.

Das geht so weit, dass einzelne Einkommens- und Berufsgruppen als Ganzes eine »negative Rendite« bei der gesetzlichen Rentenversicherung erzielen: Während ihrer Erwerbstätigkeit zahlen sie mehr Euro in die gesetzliche Rente ein, als sie im Alter insgesamt ausgezahlt bekommen. Das kann im Einzelschicksal zwar immer mal passieren – für ganze Berufsgruppen sollte es aber nicht gelten. Zudem geht es dabei nicht nur um die Beitragszahlungen, sondern auch um die riesigen steuerlichen Zuschüsse für die gesetzliche Rente. Das bedeutet konkret, dass ein überproportional großer Teil der rund 100 Milliarden Euro der steuerlichen Zuschüsse der Bundesregierung – das sind knapp drei Prozent der gesamten Wirtschaftsleistung – denjenigen zugutekommt, die gut bezahlte Jobs hatten und eine lange Lebenserwartung haben.

Die Reformen liegen auf der Hand

Darüber hinaus wird die gesetzliche Rente infolge der demografischen Alterung im kommenden Jahrzehnt immer weniger leistungsfähig sein. Die Absicherung im Alter kann also immer weniger sichergestellt werden. Die gesetzliche Rentenversicherung muss also dringend reformiert und auf eine nachhaltige Basis gestellt werden. Dazu gehört auch die Erhöhung des Renteneintrittsalters, wie im Gutachten des Beirats des Bundeswirtschaftsministeriums dargestellt wurde, in dem ich Mitglied bin. Ein zentrales Problem dabei ist jedoch, dass viele Menschen mit physisch wie psychisch anspruchsvollen Jobs schon heute häufig nicht bis zum Renteneintrittsalter durchhalten und dies noch weniger werden tun können, wenn das Eintrittsalter weiter ansteigt.

Eine naheliegende Lösung könnte es sein, das Renteneintrittsalter für verschiedene Berufe unterschiedlich festzulegen. Denkbar ist eine Flexibilisierung, sodass Menschen in Zukunft sehr viel freier und autonomer für sich selbst entscheiden können, wann sie in Rente gehen wollen.

Doch weder eine Differenzierung des Renteneintrittsalters noch eine Flexibilisierung werden das Problem einer unzureichenden gesetzlichen Rente, die von Arm zu Reich umverteilt, lösen. Das Äquivalenzprinzip muss deshalb neu definiert werden, sodass Menschen in Berufszweigen mit psychisch und physisch starker Belastung höhere monatliche Rentenzahlungen für ihre Beiträge erwerben. Dadurch könnten sowohl die Unterschiede in der Lebenserwartung ausgeglichen als auch eine drohende Altersarmut vermieden werden.

Die allermeisten Industrieländer setzen dies bereits um. Bei den gesetzlichen Rentenansprüchen berücksichtigen sie die Art der Arbeit und die Höhe der Einkommen. Deutschland ist eins der wenigen Länder, die sich bisher geweigert haben, eine solche Korrektur vorzunehmen. Eine Mindestrente wäre eine gute Lösung. Länder wie Österreich und die Niederlande machen uns das schon vor. Menschen mit geringeren Einkommen und Rentenanwartschaften würden auf diese Weise eine finanzielle Absicherung bekommen. Die letzte Bundesregierung hat mit ihrer Grundrente einen kleinen Schritt in eine solche Richtung getan. Diese ist bisher jedoch viel zu restriktiv, und zu viele Menschen (man denke an diejenigen, die nicht auf 35 Beitragsjahre kommen) werden dabei ignoriert.

Der Staat muss bei der privaten Vorsorge unterstützen

Neben der Verbesserung der gesetzlichen Rente und einer Stärkung der betrieblichen Rente muss auch die dritte Säule der Altersvorsorge, die private Vorsorge, deutlich verbessert werden. Der Versuch mit der Riester-Rente Anfang der 2000er-Jahre, der auch Menschen mit geringen Einkommen beim Aufbau von Ersparnissen für das Alter unterstützen wollte, ist gescheitert. Die Kosten der Riester-Verträge sind so hoch, dass sie sich für viele kaum lohnen. Man muss schon sehr alt werden, um sein Erspartes und die staatlichen Zuschüsse wieder herauszubekommen. Ansonsten profitiert nicht die versicherte Person, sondern allein das Versicherungsunternehmen. Seit Einführung der Riester-Rente ist die Sparquote der Geringverdienenden denn auch kaum gestiegen. Die damit verbundenen Steuervorteile kommen meist Besserverdienenden zugute, also genau denen, die eh schon vorsorgen.

Eine sinnvolle Alternative wäre ein Staatsfonds, ein Deutschlandfonds, in den alle Erwerbstätigen (inklusive Arbeitslose, aber mit einer Opt-out-Klausel) einzahlen würden. Für diejenigen, die nicht oder nur wenig selbst sparen können, und nur für sie, würde der Staat Zuschüsse zahlen. Ein solcher Fonds könnte privat gemanagt werden und einen Anteil an Aktien enthalten, muss jedoch niedrige Gebühren und eine hohe Transparenz gewährleisten. Die Ampel-Bundesregierung hat sich entschlossen, eine Aktienrente einzuführen, bei der ein Teil der Beiträge für die gesetzliche Rente in einem Aktienfonds angelegt wird, der eine bessere Rendite erzielen soll. Dies ist prinzipiell sinnvoll, aber zur Ehrlichkeit gehört auch: Dieser Anteil ist so gering und die notwendige Absicherung so groß, dass dies keine signifikante Verbesserung der Ansprüche für Menschen mit geringen Renten schaffen wird.

Seit geraumer Zeit verschleppt die Politik eine dringend notwendige Rentenreform. Es wurde versucht, dieses Problem mit punktuellen Hilfen zu kaschieren, wie der Rente mit 63 oder der Grundrente. Die Reform der gesetzlichen Rente beinhaltet enormen politischen und sozialen Sprengstoff. Daher ist es verständlich, dass Politiker dieses Thema meiden. Aber mit jedem Jahr, das man es weiter vor sich herschiebt, wird das Problem größer und schwieriger zu korrigieren. Daher muss dieser Herausforderung eine hohe Priorität eingeräumt werden.

Hartz IV und das Armutsrisiko

Trotz eines zunehmenden Arbeitskräftemangels gibt es mehr als zwei Millionen Menschen, die keine Arbeit haben, aber suchen. Viele weitere werden gar nicht mehr als arbeitslos gezählt, sodass die wirkliche Zahl an Erwachsenen, die nicht von eigener Hände Arbeit oder ihrem Erspartem leben können, trotz Wirtschaftsbooms der 2010er-Jahre sehr groß ist.

Der damalige Gesundheitsminister Jens Spahn löste 2018 mit seiner Aussage, Hartz IV sei nicht mit Armut gleichzusetzen, eine hitzige Debatte aus. Das Argument war, dass Deutschland im internationalen Vergleich einen starken Sozialstaat habe und auch Menschen mit sozialer Absicherung durch den Staat ein ordentliches Auskommen hätten. Richtig ist jedoch auch, dass jede oder jeder Sechste von einem Armutsrisiko betroffen ist, also weniger als 60 Prozent des durchschnittlichen Einkommens bezieht. Dieser Anteil ist in den vergangenen zehn Jahren stark gestiegen. Jedes fünfte Kind und fast jeder zweite alleinerziehende Elternteil sind von Armut bedroht. Diesen Menschen wird die Möglichkeit genommen, Teil der Gesellschaft zu sein und ihr Leben eigenständig zu gestalten. Das ist angesichts des gegenwärtigen Wirtschaftsbooms ein Armutszeugnis.

Die sozialen Systeme – von Hartz IV, der Gesundheitsvorsorge bis hin zur sozialen Infrastruktur und dem Bildungssystem – helfen denjenigen, die Hilfe und Solidarität benötigen, also offensichtlich nur unzureichend.

Fünf Reformen sollten bei Hartz IV – oder Bürgergeld, wie es in Zukunft heißen wird – im Mittelpunkt stehen.

1. Die Regelsätze sollten angehoben werden, um besser auf die Bedürfnisse der Empfängerinnen und Empfänger einzugehen, und mehr Zuverdienstmöglichkeiten sollten zugelassen werden. Werden heute 100 Euro hinzuverdient, kassiert der Staat 80 oder gar 90 Prozent davon ein. Anreize für die Einbringung in den Arbeitsmarkt sehen anders aus. Genauso wichtig sind aber Reformen des Arbeitsmarkts, damit mehr Menschen den Sprung aus der Abhängigkeit von Sozialleistungen schaffen können.
2. Es braucht höhere Löhne. Fast jeder fünfte Arbeitnehmer ist atypisch beschäftigt.
3. Die Jobcenter müssen personell und finanziell deutlich besser ausgestattet werden, um Menschen gezielt betreuen und helfen zu können. Auf über zwei Millionen Arbeitslose kommen heute fast eine Million offene Jobs. Unternehmen suchen nicht nur hoch qualifizierte Ingenieure oder Programmiererinnen, sondern auch Menschen mit einfacheren Qualifikationen. Sicherlich können nicht all diese offenen Stellen durch Arbeitslose gefüllt werden, aber viele Arbeitslose könnten durch eine bessere Vermittlung oder gezielte Qualifizierung wieder in Arbeit kommen.
4. Viele Arbeitslose werden den direkten Sprung in den sogenannten ersten, regulären Arbeitsmarkt aber dennoch nicht schaffen – sei es, weil ihnen Qualifikationen fehlen oder sie gesundheitlich angeschlagen sind. Ihnen würde der Aufbau eines sozialen Arbeitsmarkts helfen. Einer Tätigkeit nachzugehen, motiviert, verbessert die Gesundheit und verhindert Marginalisierung. Hier könnte ein solidarisches Grundeinkommen – wie es Berlin seit einigen Jahren versucht – ein wichtiger Beitrag sein. Es würde den Betroffenen eine Tätigkeit in Vollzeit ermöglichen, bis sie auf dem regulären Ar-

beitsmarkt unterkommen. Natürlich würde es Hartz IV nicht überflüssig machen. Aber wenn es 150 000 Menschen wieder in Arbeit bringt – von aktuell rund 500 000, die schon länger als zwei Jahre arbeitslos sind –, wäre das ein großer Erfolg.

5. Prävention durch die Schaffung einer deutlich besseren sozialen Infrastruktur und eines besseren Bildungssystems. Zu häufig werden Kinder aus einkommensschwachen und bildungsfernen Familien schon früh abgehängt, weil Kitaplätze fehlen oder die Qualität der frühkindlichen Bildung unzureichend ist. Oder weil Ganztagsschulplätze fehlen und zu viele Jugendliche ohne Schul- oder Berufsabschluss versuchen, in den Arbeitsmarkt zu kommen. Auch Fortbildung und lebenslanges Lernen werden noch zu sehr auf die leichte Schulter genommen. Dabei ist das gegenwärtige System unsinnig und kontraproduktiv: Menschen müssen erst arbeitslos werden, bevor sie Anspruch auf Fortbildung und Qualifizierung haben.

Die Schere zwischen Reich und Arm geht in Deutschland weiter auseinander. Für die weniger Privilegierten wird es schwieriger, durch gute Bildung und gutes Arbeitseinkommen den Aufstieg zu schaffen. Denn der Aufbau von Vermögen hängt immer weniger von der eigenen Hände Arbeit ab und immer mehr von Glück und der Frage, in welche Familie man geboren wird.

Die hohe Ungleichheit von Erspartem und Vermögen ist somit nicht das Resultat einer funktionierenden sozialen Marktwirtschaft. Die hohe Ungleichheit bei Vermögen führt mit dazu, dass heute mehr als ein Drittel der Deutschen vom Sozialstaat abhängig ist. Dies schließt einen Teufelskreis: Denn die hohe Ungleichheit bei Geld und Vermögen trägt mit dazu bei, dass die Chancengleichheit und die soziale Mobilität sinken und bestehende Strukturen und die soziale Polarisierung sich verfestigen.

Die notwendigen Reformen liegen auf der Hand: eine grundlegende Steuerreform, die Arbeit finanziell entlastet und Vermögen stärker belastet, inklusive einer angemessenen und fairen Erbschaftsteuer. Die Politik muss Sozialpartnerschaften stärken und Menschen mit geringen Einkommen und einer fehlenden Lobby eine viel stärkere Stimme geben und deren Interessen schützen helfen.

Dazu gehört nicht nur ein deutlich höherer Mindestlohn, sondern auch bessere Arbeitsbedingungen und Einkommen für Menschen in systemrelevanten Berufen, eine Abschaffung der Minijobs und eine ehrliche Diskussion darüber, wie wir Leistung in unserer Gesellschaft definieren und honorieren wollen. Und es erfordert grundlegende Reformen des Sozialstaats. Er muss sich von einem passiven, sanktionierenden System zu einem anderen wandeln: einem, das Menschen und deren Fähigkeiten mobilisiert, private Vorsorge stärkt und vor allem eines tut: eine wirkliche Chancengleichheit aller Menschen verwirklichen.

3.

DIE ANGST VOR SCHULDEN

Wir Deutschen haben ein schwieriges Verhältnis zu Schulden. Viele Menschen halten Schulden für moralisch verwerflich, wie schon der zugrunde liegende Begriff der Schuld suggeriert. Schulden zu machen, wird als unsolide Lebensführung betrachtet, ein Leben über die eigenen Verhältnisse. Denn muss man nicht zuerst mit der eigenen Hände Arbeit Vermögen schaffen, bevor man es konsumiert? Andere verstehen Schulden als ein Leben zulasten anderer, die für diese Schulden im Notfall aufkommen müssen – vor allem zukünftige Generationen, denen kein Vermögen und keine guten Startchancen hinterlassen werden, sondern Verpflichtungen ihrer Eltern und Großeltern.

Aber stimmt diese Wahrnehmung? Wann sind Schulden sinnvoll, und welches Ausmaß an Schulden ist für einen Staat, ein Unternehmen oder eine Privatperson nachhaltig? Im Folgenden soll analysiert werden, welche Art von Schulden gut und welche schlecht sind, wofür Schulden genutzt werden und warum es Fälle gibt, in denen sie unerlässlich sind. Es wird der Frage nachgegangen, ob und, wenn ja, wann höhere Staatsschulden die Generationengerechtigkeit schädigen.

Die *Fridays for Future*-Bewegung mahnt Politik und Gesellschaft eindringlich, dass ihre größte Sorge nicht eine zu hohe Staatsverschuldung ist, sondern dass die Generation ihrer Eltern ihnen eine zerstörte Welt hinterlässt. Und sie mahnt, dass wir als Gesellschaft einen neuen Kompass über Schulden, Nachhaltigkeit und Zukunftsinvestitionen benötigen. Was sind Schulden, sind sie immer finanziell, und was ist den Menschen wirklich wichtig?

Schulden, nicht Schuld

Viele von uns nehmen Schulden als etwas wahr, das es zu vermeiden gilt. Schulden zu haben, bedeutet, eine Verpflichtung einzugehen, seine Unabhängigkeit und Freiheit in gewisser Weise zu beschränken oder gar in Abhängigkeit zu geraten. Viele empfinden Schulden als etwas, wobei man in der Schuld anderer steht, mit der Ungewissheit, ob man sich dieser Schuld je wieder komplett wird entledigen können.

Wie die Begriffe »Schuld« und »in der Schuld stehen« zeigen, haftet dem Wort »Schulden« in der deutschen Sprache auch eine moralische Komponente an. In anderen Sprachen ist dies nicht der Fall. So wird beispielsweise im Englischen zwischen *debt*, »Schulden«, und *guilt*, »Schuld«, unterschieden.

Schulden sind per se weder schlecht noch gut, sowohl aus ökonomischer als auch aus moralischer Sicht. Genauso wie das Sparen eine intertemporale Entscheidung ist, also eine Abwägung zwischen Gegenwart und Zukunft, gilt das Gleiche für Schulden. Die Entscheidung, heute etwas zu sparen, bedeutet, aktuell auf etwas zu verzichten in der Hoffnung und Erwartung, in Zukunft den Wohlstand verbessern zu können. Finanzielle Schulden zu machen, bedeutet umgekehrt, heute Entscheidungen zu treffen und Dinge zu ermöglichen, die aus eigener Kraft nicht möglich wären, und dadurch eine Verpflichtung für die Zukunft einzugehen.

Der entscheidende Punkt ist, ob Schulden den Wohlstand in der Zukunft reduzieren – da sie in der Regel bedient und zurückgezahlt werden müssen – oder mehren. Das hängt davon ab, wofür diese Schulden heute verwendet werden. Wenn sie so genutzt werden, dass sie den Wohlstand langfristig steigern, also eine signifikante Rendite haben, kann sie der Schuldner in Zukunft zurückzahlen und gleichzeitig einen höheren Wohlstand genießen, als wenn er oder sie diese Schulden nicht aufgenommen hätte.

Fünf Faktoren sind entscheidend dafür, dass Schulden notwendig und ökonomisch wie auch sozial sinnvoll sein können:

Zum einen machen Schulden finanzielles Sparen erst möglich. Finanzielles Sparen ist also die Kehrseite von Verschuldung. Als Individuum kann ich nur dann finanziell sparen, wenn jemand anders gewillt ist, dieses Geld anzunehmen, also direkt oder indirekt mir gegenüber in die Schuld zu gehen. Deshalb muss jeder Sparer wollen, dass es ausreichend Schuldner gibt, die die Ersparnisse nutzen und verlässlich in der Zukunft zurückzahlen können. Je mehr Schuldner und je größer die Nachfrage nach Ersparnissen, desto höher kann auch der Zins sein, also desto lohnender das Sparen.

Zweitens mag eine Überschuldung in Einzelfällen existieren, in der Gesamtheit kann es sie jedoch nicht geben. Oft wird davon gesprochen, dass Deutschland »überschuldet« sei. In den meisten Fällen ist es jedoch so, dass die Regierung, also der Staat, hohe Schulden angehäuft hat – häufig aus guten, manchmal aus weniger guten Gründen. Das bedeutet jedoch gleichzeitig, dass andere, meist Bürgerinnen und Bürger desselben

Landes, diese Ersparnisse und Forderungen gegenüber ihrem Staat haben. In der Tat können ganze Gesellschaften überschuldet sein. Das ist dann der Fall, wenn die Summe der Verschuldung von Staat, Unternehmen und Bürgerinnen und Bürgern größer ist als die finanziellen Ersparnisse.

Es gibt jedoch kaum ein Land auf der Welt, das höhere Nettoersparnisse hat – also finanzielle Ersparnisse abzüglich von Schulden – als Deutschland. Den größten Teil der Schulden des deutschen Staates halten also die Bürgerinnen und Bürger. Vor allem aber halten Staat, Unternehmen und Bürgerinnen und Bürger in Deutschland gigantische Nettoforderungen von weit mehr als 2500 Milliarden Euro gegenüber dem Rest der Welt. Das sind im Durchschnitt mehr als 30 000 Euro pro Kopf oder mehr als 60 Prozent der jährlichen Wirtschaftsleistung. Deutschland ist also nicht überschuldet, sondern hat fast unvorstellbar große Nettoforderungen gegenüber Menschen und Unternehmen im Rest der Welt.

Drittens, Schulden sind nicht unbedingt ein Nullsummenspiel. Zu häufig wird im öffentlichen Dialog fälschlich suggeriert, der Gewinn an Wohlstand durch eine Verschuldung sei gleichzusetzen mit der Verringerung des Wohlstands in der Zukunft, wenn die Schulden zurückgezahlt werden müssen. Dem ist aber häufig nicht so. Ob 150 000 Euro Schulden eines Einzelnen nun gut oder schlecht sind, lässt sich erst einmal überhaupt nicht sagen. Jeder von uns würde wohl fragen, wofür er oder sie das Geld verwendet hat. Wenn es für den Konsum, also für große Reisen und einen teuren Lebensstil genutzt wurde, dann fällt die Bewertung dieser Verschuldung auch objektiv anders aus, als wenn das Geld als Hypothek für eine eigene Wohnung ausgegeben wurde, die seit dem Kauf möglicherweise um 20 Prozent an Wert gewonnen hat. Im zweiten Fall wäre die

Rendite deutlich positiv, und am Ende der Rückzahlung der Schulden gäbe es ein Eigenheim als Vermögen.

Es gibt viele Beispiele, bei denen Schulden von Privatpersonen weder moralisch noch ökonomisch verwerflich erscheinen. Schulden für Investitionen in die eigene Qualifikation oder die Bildung der Kinder, für ein Eigenheim oder das eigene Unternehmen sind in den meisten Fällen gute Investitionen.

Nun mag man einwenden, dass selbst solche Schulden nicht immer sinnvoll sein müssen, vor allem nicht dann, wenn die Schuldner sie langfristig nicht zurückzahlen können. Es gibt also verschiedene Facetten, wann und unter welchen Umständen Schulden sinnvoll und notwendig sind und wann nicht.

Als Viertes sind in zahlreichen Fällen höhere Schulden kurzfristig notwendig und richtig, um sie langfristig schneller abbauen zu können. Ein Unternehmen, das kurzfristig einen Kredit aufnimmt, um in neue Maschinen oder Beschäftigung von zusätzlichen Arbeitnehmerinnen und Arbeitnehmern zu investieren, kann, wenn diese Investitionen erfolgreich sind, seine Einnahmen erhöhen und somit nicht nur diesen Kredit, sondern auch andere Kredite langfristig schneller zurückzahlen und sich entschulden.

Das Gleiche gilt für den Staat: Investitionen in Bildung kosten kurzfristig erst einmal Geld und erhöhen die Schulden. Langfristig rechnen sie sich jedoch fast immer, nicht nur für die Bürgerinnen und Bürger, sondern auch für den Staat. Denn besser qualifizierte Menschen schaffen mehr Innovationen und produktive Unternehmen mit höheren Löhnen und Einkommen für die Beschäftigten. Das führt langfristig zu deutlich höheren Steuereinnahmen und ermöglicht es dem Staat, seine für die Bildungsausgaben aufgenommenen Schulden nicht nur zurückzuzahlen, sondern auch andere Schulden zu tilgen.

Und fünftens ist es erforderlich, zwischen den Schulden des Staates, also der Gemeinschaft, und den Schulden des Einzelnen, des Bürgers und der Bürgerin, zu unterscheiden. Viele kritisieren die Verschuldung der Staaten, auch des deutschen, mit dem Argument, diese Schulden müssten in Zukunft zurückgezahlt werden und würden somit künftige Generationen schädigen.

Dies mag für den Einzelnen stimmen, denn üblicherweise benötigen Menschen dann Geld, wenn sie Kinder und junge Erwachsene sind; und auch dann, wenn sie alt sind, also nicht mehr arbeiten und von ihrer Rente und ihrem Vermögen leben müssen. Über den Lebenszyklus gesehen, sind Menschen also dann Schuldner, wenn sie sehr jung und wenn sie sehr alt sind, und sie sind Gläubiger – bauen also Ersparnisse auf oder bedienen Schulden –, wenn sie im mittleren Alter sind und mit ihrer eigenen Hände Arbeit Einkommen erzielen und Vermögen aufbauen können.

So ist es für einen jungen Menschen mit guter Ausbildung und Einkommen am Anfang der Berufskarriere nicht schwer, einen Kredit zu erhalten, beispielsweise für ein Eigenheim. Denn die Bank kann damit rechnen, dass der Kunde diese Schulden mit hoher Wahrscheinlichkeit bis zu seiner Pensionierung zurückzahlt. Im Gegensatz dazu würde jedoch kaum eine Bank einem Rentner mit 75 Jahren noch einen großen Kredit geben, wenn dieser keine nennenswerten Einnahmequellen oder Vermögensgegenstände hat. Denn er wird die Schulden in seiner verbleibenden Lebenszeit kaum zurückzahlen können.

Der Staat unterliegt aber keinem Lebenszyklus: Er wird sehr lange, möglicherweise über Jahrhunderte, existieren und auch nie passiv sein wie ein Rentner, sondern stetig Einnahmen aus Steuern und Abgaben beziehen. Der Staat braucht seine Schulden also nicht vollständig zurückzuzahlen. Er muss nicht »auf null« kommen. Natürlich muss er seine Schulden bedienen und Zinsen darauf zahlen. Und auch kann er Gefahr laufen, dass die Gläubiger – häufig die eigenen Bürgerinnen und Bürger – ihr Vertrauen in ihn und seine Fähigkeit, die Schulden zu bedienen, verlieren. Dann kommt es zu Staatspleiten, von denen die Geschichte einige gesehen hat und in denen viele Menschen ihr Erspartes verloren haben. Aber selbst bei Staatspleiten ist ein Staat nicht dauerhaft zahlungsunfähig.

Staatsschulden als Grundlage von Demokratie

Ohne Staatsschulden sind Demokratien und moderne Gesellschaftsformen wie unsere soziale Marktwirtschaft undenkbar. Sie waren sogar Treiber für die Entwicklung der Demokratie. Staatsschulden gibt es schon, solange es Staaten oder staatsähnliche Institutionen gibt. In früheren Zeiten konnte der Souverän nicht nur Steuern und Abgaben erheben, sondern auch Schuldverträge eingehen.

Im Mittelalter gab es, vor allem in Venedig und Florenz, erste systematische Versuche, die Finanzierung von Staatsausgaben über Banken zu organisieren, um deutlich mehr Gläubiger zu erreichen und somit größere Summen zu organisieren. Häufig wurden diese Staatsschulden für die Verteidigung des Landes gegen feindliche Kräfte benötigt, etwa um Söldner und Soldaten zu zahlen.

Nur über Schuldverträge konnten viele Souveräne im Mittelalter ihre Ausgaben finanzieren und so Kontrolle über ihre Institutionen, Länder und Menschen ausüben. Dabei sind Banken entstanden, die Ersparnisse aus ganz unterschiedlichen Regionen sammeln und bündeln konnten. Noch wichtiger war aber eine andere Entwicklung: Da es auch im Mittelalter immer wieder vorkam, dass der Souverän seine Schulden nicht bedienen konnte und zahlungsunfähig wurde, verlangten Bürgerinnen und Bürger zunehmend mehr Sicherheiten für diese Schuldverträge.

Als Sicherheiten verlangten sie nicht nur Zugang zu materiellen Gütern und Land, um die eigene Forderung im Fall einer Zahlungsunfähigkeit zu bedienen. Darüber hinaus forderten sie zunehmend Kontroll- und Mitspracherechte, um Einfluss auf die Nachhaltigkeit der Staatsschulden und die Verwendung der Gelder nehmen zu können. Mit der Einführung demokratischer Strukturen in vielen Ländern kamen auch Mitsprache- und Kontrollrechte der Parlamente über den Souverän und die Regierungen. Insofern war die Zunahme und wachsende Komplexität von staatlichen Schuldverträgen ein wichtiges Element der politischen Reformen und Entwicklung, zuerst in Europa und dann in vielen anderen Teilen der Welt.

Schulden und die Marktwirtschaft

Mit Beginn der industriellen Revolution im 18. und 19. Jahrhundert kamen dann weitere Aufgaben auf den Staat zu, der mehr und mehr in Infrastruktur investierte, um die wirtschaftliche Entwicklung möglich zu machen. Auch solche Investitionen erforderten beachtliche staatliche Gelder, die häufig durch Kreditaufnahme gewährleistet werden konnten. Viele Regierungen und Parlamente realisierten, dass solche Investitionen auch für den Staat hochrentabel sein konnten.

Neben der Infrastruktur entstanden auf diese Weise auch

staatliche Unternehmen, um Teile dieser Aufgaben zu übernehmen, oder schlichtweg, weil sie sehr lukrativ waren und dem Staat hohe Einnahmen ermöglichten. Auch wenn man über die Jahrzehnte und Jahrhunderte realisierte, dass viele dieser staatlichen Unternehmen recht ineffizient waren und letztendlich durch Privatunternehmen ersetzt wurden, leisteten auch staatliche Unternehmen wichtige Beiträge zur wirtschaftlichen Entwicklung.

Auch für die Entwicklung von Finanzsystemen und der finanziellen Intermediation zwischen privaten Sparern und privaten Schuldnern waren und sind Staatsschulden noch immer ganz entscheidend. In den meisten Ländern galten und gelten noch immer die Schulden des eigenen Staates als die sicherste aller Anlageformen. Unternehmen und Privatpersonen sind als Schuldner generell sehr viel riskanter, da sie häufig von wenigen Einnahmequellen abhängen und viele Szenarien eintreten können, bei denen sie zahlungsunfähig werden und ihre Schulden nicht mehr bedienen können. Im Gegensatz dazu ist der Staat ein relativ sicherer Schuldner, da er immer die Möglichkeit hat, Steuern und Abgaben zu erheben, und eine Existenz eines Landes ohne staatliche Institutionen nicht möglich ist.

Das bedeutet nicht, dass es in den letzten Jahrhunderten nicht regelmäßig zu Staatsinsolvenzen gekommen wäre, bei denen viele ihr Erspartes oder gar ihre wirtschaftliche Existenz verloren haben. Eine Alternative zu den staatlichen Schuldverschreibungen als sicherste verfügbare Anlage gab und gibt es jedoch nicht. Eine Pleite und Zahlungsunfähigkeit eines Unternehmens, egal wie sicher es heute auch scheinen mag, ist sehr viel wahrscheinlicher.

Gold gilt durch sein stabiles Angebot und die Schwierigkeit, seinen Preis zu manipulieren – anders als Kryptowährungen oder andere exotische Anlagen –, noch immer als sicherer Hafen für Sparerinnen und Sparer, ist aber weder sehr liquide noch eine realistische Anlageklasse für kleine Sparer. Mit Staatsschulden als sicherer Anleihe hat beispielsweise die Europäische Union in den letzten 15 Jahren fieberhaft versucht, Staatspleiten von Mitgliedsländern zu vermeiden – vor allem innerhalb der Währungsunion.

Auch private Gläubiger richten ihre Zinsforderungen an den auf Staatsschulden geltenden Zins aus. Verleihen sie ihr Geld an Privatleute oder Unternehmen statt an den Staat, gehen sie damit immer ein vergleichsweise größeres Risiko ein. Sie werden also einen höheren Zins als Risikoaufschlag verlangen. Steigen die Zinsen für Staatsschulden, steigen also auch Zinsen zwischen privaten Gläubigern und Schuldnern. Das geht mittlerweile so weit, dass fast alle Finanzprodukte direkt oder indirekt relativ zu dem sogenannten sicheren Zins auf Staatsanleihen bepreist werden.

Mehr noch, mit dem Wunsch vieler nach einer möglichst risikofreien Anlage hat auch die Nachfrage nach Staatsschulden in vielen westlichen Ländern deutlich zugenommen, und in kaum einem Land so stark wie in Deutschland. Denn durch eine starke und leistungsfähige Wirtschaft in Verbindung mit einer soliden Finanzpolitik in den vergangenen siebzig Jahren hat sich der deutsche Staat eine enorme Glaubwürdigkeit erworben, nicht nur hierzulande, sondern überall auf der Welt. Das geht so weit, dass in Zeiten niedriger Zinsen Sparerinnen und Investoren gewillt sind, negative Zinsen auf deutsche Staatsanleihen zu akzeptieren. Sie schätzen die Sicherheit deutscher Staatsanleihen also so hoch ein, dass sie dem deutschen Staat sogar Geld dafür zu zahlen, dass er ihr Geld für die nächsten zehn oder dreißig Jahre verwahrt.

Schulden und die soziale Marktwirtschaft

Vor allem ab dem 19. Jahrhundert übernahm der Staat zunehmend auch eine soziale Funktion. So führte Bismarck eine Rentenversicherung ein, und viele andere Elemente der sozialen Sicherung folgten in ganz Europa. Der Staat realisierte, dass Menschen nicht nur in Geldfragen Sicherheit wünschten, sondern auch Absicherung gegen die Unwägbarkeiten des Lebens, gegen Krankheit, Arbeitslosigkeit und Alter.

Daraus entstand die soziale Marktwirtschaft als Grundlage des Gesellschaftsvertrags in vielen europäischen Ländern nach dem Zweiten Weltkrieg. Der Staat stellt dabei viele verschiedene öffentliche Güter bereit. Dazu gehören nicht nur die sozialen Sicherungssysteme, sondern auch Bildung und Fortbildung, die Förderung von Kultur und sozialem Zusammenhalt sowie der internationalen Kooperation.

Teil dieses Gesellschaftsvertrags ist auch die Absicherung gegen große Krisen, etwa Wirtschafts- und Finanzkrisen oder Naturkatastrophen und Pandemien. Gegen so große Krisen können sich private Gläubiger und Schuldner gegenseitig nicht versichern. Selbst die stärksten und gesündesten Unternehmen wurden in der Corona-Pandemie – etwa durch Unterbrechung der internationalen Lieferketten oder Nachfrageschocks wie im Tourismus – in die Knie gezwungen und waren auf staatliche Hilfen angewiesen. Gegen große, existenzielle Krisen kann nur der Staat seine Bürgerinnen und Bürger absichern, und auch er nur in einem begrenzten Maße.

Dies kann er aber nur, wenn er in solchen Situationen große Gelder mobilisiert. Ohne Schuldenaufnahme ist das nicht machbar. Der Staat ist also in vielerlei Hinsicht die letzte Instanz;

nicht nur in Bezug auf rechtliche und institutionelle Fragen, sondern auch, wenn es um die Absicherung der Lebensgrundlage seiner Bürgerinnen und Bürger geht. Und das verlangt nun einmal, dass er in großen Krisen auch hohe Schulden aufnimmt, um das eigene Land zu stabilisieren und Unternehmen und Bürger unterstützen zu können.

Dies sind alles Gründe dafür, warum Staatsschulden nicht per se schlecht sind. Genauso wie die Ersparnisse der Bürgerinnen und Bürger bilden sie mit die Grundlage unserer Demokratie und unserer sozialen Marktwirtschaft. Sie ermöglichen eine moderne Wirtschaft mit sicheren Finanzmärkten und einer effizienten Intermediation von Geld und Vermögen zwischen Schuldnern und Gläubigern.

Gute Schulden, schlechte Schulden

Genauso wenig, wie Staatsschulden falsch oder schlecht sind, sind sie jedoch immer sinnvoll und richtig. Allzu häufig werden staatliche Gelder nicht zum Wohle der Allgemeinheit genutzt, sondern um enge Partikularinteressen zu schützen und zu fördern. Die Versuchung für Verantwortliche in Politik und Verwaltung ist groß, staatliche Gelder für eigene Interessen und ihren Machterhalt zu nutzen. Und oft in der Geschichte sind Staaten pleitegegangen und haben ihre Schulden nicht zurückgezahlt.

Aber Staatsschulden sind auch keine Alchemie. Es gibt Kriterien dafür, wann, wofür und unter welchen Umständen Schulden ökonomisch, politisch und sozial erforderlich und richtig sind und wann nicht. Tatsache ist, dass sie weltweit in der Geschichte noch nie so hoch waren wie heute. Allein unter den reichen Industrieländern beträgt die Staatsverschuldung im Schnitt 125 Prozent einer jährlichen Wirtschaftsleistung. Selbst am Ende des Zweiten Weltkriegs, nachdem die meisten Regierungen enorme Schulden aufgenommen hatten, um den Krieg zu finanzieren, und gleichzeitig die Wirtschaft eingebrochen war, waren die Staatsschulden niedriger.

In der Vergangenheit waren es meist Kriege und große Krisen, die zu höheren Staatsschulden – und nicht selten zu Staatspleiten – geführt haben. Aber auch die Funktionsweise des politischen Systems hat großen Einfluss auf die Staatsverschuldung. Ironischerweise hat der Anstieg von Staatsschulden in den vergangenen Jahrhunderten nicht nur zur Demokratisierung vieler Länder beigetragen, sondern die Demokratie selbst hat die Tendenz, Staatsschulden zu erhöhen. In der Ökonomie wird das mit dem »Common-Pool-Problem« beschrieben. Das heißt, dass es in einer Demokratie sehr viele Interessengruppen gibt, die Leistungen vom Staat einfordern und sich gegen Kürzungen vehement wehren und dies durch Wahlen auch durchsetzen können.

Gerade in Demokratien ist es deshalb schwierig, Reformen durchzusetzen und Ausgaben zu kürzen, besonders wenn sie lieb gewonnene Privilegien einflussreicher Gruppen betreffen. Wenn einzelne Gruppen einmal Steuerprivilegien erhalten haben, wie Hochvermögende bei der Erbschaftsteuer oder Hoteliers bei der Mehrwertsteuer, sind solche Privilegien nur schwer wieder zurückzunehmen. Wahl- oder Regierungsprogramme, die Ausgabenkürzungen versprechen, sind höchst unpopulär, selbst wenn sie relativ wenige Menschen betreffen. Denn Kürzungsankündigungen erhalten nur wenig Unterstützung von denen, die davon nicht betroffen sind, und große Gegenwehr von denen, die darunter leiden würden.

Bei den Staatsausgaben und der Staatsverschuldung zeigt sich daher oft ein politischer Zyklus: Vor wichtigen Wahlen steigen sie an, da die Regierung hofft, dadurch Stimmen für sich zu gewinnen. Zwar ist in Diktaturen die Versuchung der Bestechung der eigenen Bevölkerung nicht geringer, aber Privilegien sind auch leichter abzuschaffen. In einer Demokratie sind grundlegende Steuerreformen und finanzpolitische Neuordnungen schwierig. Ein Anstieg der Staatsschulden ist daher der leichtere und häufig gewählte Ausweg.

Staatsschulden können jedoch aus mehreren Gründen zum Problem werden und die wirtschaftliche und soziale Entwicklung eines Landes erheblich bremsen. Häufig führen sie dazu, dass private Investitionen verdrängt werden. Der Staat benötigt einen immer größeren Anteil der privaten Ersparnisse. So steigen in vielen Fällen Zinsen und Risikoprämien auf Staatsanleihen. Damit steigen auch die Zinsen für private Unternehmen und Haushalte, die Finanzierungsbedingungen verschlechtern sich. Als Folge wird es für Unternehmen immer teurer, ihre Investitionen zu finanzieren, was letztlich zu weniger Investitionen, Wachstum und Wohlstand führen kann.

Nicht wenige Regierungen versuchen, sich durch verschiedene Formen der finanziellen Repression einen privilegierten Zugang zu den Ersparnissen der eigenen Bürgerinnen und Bürger zu verschaffen. So werden häufig Regeln geschaffen, die von Pensionsfonds oder Lebensversicherern verlangen, einen hohen Anteil der dort verwalteten privaten Ersparnisse in vermeintlich sichere Staatsanleihen zu investieren. Dies führt zu günstigeren Finanzierungsbedingungen für den Staat, aber gleichzeitig auch zu weniger verfügbarem Kapital und schlechteren Finanzierungsbedingungen für Unternehmen und Haushalte.

Einige deutsche Kritiker werfen der Europäischen Zentralbank vor, auch sie wolle es den Regierungen der Eurozone durch den Ankauf von Staatsanleihen bewusst und gezielt erleichtern, ihre Staatsschulden auszuweiten und zu finanzieren. Dieser Vorwurf ist sicherlich falsch – mehr dazu in den folgenden Kapiteln –, aber in einigen Schwellen- und Entwicklungsländern ist es durchaus üblich, dass Regierungen ihren Zentralbanken die Unabhängigkeit entziehen und sie für die eigenen Zwecke instrumentalisieren. Sie zwingen sie, Staatsanleihen zu kaufen und somit die Staatsschulden zumindest zeitweise zu finanzieren.

Das klappt in einer mehr und mehr globalisierten Welt mit internationalen Kapitalmärkten jedoch immer schlechter: Investoren ziehen ihr Geld ab, und das unweigerliche Resultat einer solchen Politik ist allzu häufig eine Finanzkrise mit hoher Inflation und Arbeitslosigkeit.

Gründe für den Anstieg der Staatsverschuldung

Wir sehen heute in vielen Ländern der Welt also eine besorgniserregend hohe Staatsverschuldung. Von den 1950er- bis zu den 1970er-Jahren sanken die Staatsschulden zunächst relativ zur Wirtschaftsleistung: in den Industrieländern gar von durchschnittlich 120 Prozent Ende der 1940er-Jahre auf wenig mehr als 40 Prozent in den 1970ern. Seit den 1980er-Jahren steigen sie jedoch in fast allen Industrie- und auch in vielen Schwellen- und Entwicklungsländern wieder sehr deutlich.

Einer der Gründe in Europa war das Wachsen des Sozialstaats, wobei der Staat soziale Leistungen für seine Bürgerinnen und Bürger erbringt. Dabei ging es meist nicht nur darum, ein besseres soziales Sicherungsnetz zur Verfügung zu stellen. Vor allem auch eine zunehmende Ungleichheit bei Einkommen und Vermögen war ein Grund für die wachsenden Sozialausgaben, um möglichst allen Menschen eine Lebensgrundlage zu ermöglichen.

Hinzu kommt ein schwächeres Wirtschaftswachstum in den meisten westeuropäischen Ländern, was den Anstieg der Steuereinnahmen gebremst hat. Und auch die zunehmende Globalisierung hat viele Regierungen dazu verleitet, Steuern für Unternehmen und Spitzenverdiener abzusenken. In der Summe sind die Staatseinnahmen weniger stark gestiegen als die Ausgaben.

In den vergangenen beiden Jahrzehnten ist die Staatsausgabenquote in Deutschland und vielen anderen westlichen Ländern jedoch nicht gestiegen, wie es manche behaupten, sondern auf einem hohen Niveau verblieben. Gerade in Deutschland ist es gelungen, sehr viel mehr Menschen in Arbeit zu bringen und die Erwerbsquote zu steigern.

Große Veränderungen und Krisen waren auch für Deutschland in den letzten dreißig Jahren die wichtigsten Gründe für den Anstieg der Staatsverschuldung. Auch 2022 lag sie noch bei über 70 Prozent der jährlichen Wirtschaftsleistung. Die Wiedervereinigung erforderte massive Investitionen in Infrastruktur und Strukturmaßnahmen, und auch Anfang der 2000er-Jahre, als Deutschland als kranker Mann Europas galt, stieg die Staatsverschuldung.

Der massive Anstieg der staatlichen Schulden von 60 auf 85 Prozent in der globalen Finanzkrise 2008 und 2009 konnte zwar in den wirtschaftlich guten 2010er-Jahren bis 2019 wieder auf unter 60 Prozent gedrückt werden; die Corona-Pandemie erforderte dann jedoch erneut hohe staatliche Ausgaben, um Menschen durch Kurzarbeitergeld vor der Arbeitslosigkeit zu bewahren und Unternehmen vor der Pleite zu schützen.

In vielen anderen westlichen Ländern hat die Staatsverschuldung in den letzten dreißig Jahren einen ähnlich steilen Anstieg genommen. Dabei ist die Verschuldung des deutschen Staates im internationalen Vergleich noch relativ gering. Viele europäische Länder haben eine Staatsverschuldung von über 100 Prozent, Italien zum Beispiel von 160 Prozent. Aber auch die USA liegen mit 120 Prozent deutlich über der deutschen Staatsschuldenquote, also dem Verhältnis von Staatsschulden zur Wirtschaftsleistung.

In aller Ehrlichkeit muss man für die globale Finanzkrise und, wenn auch zu einem geringeren Maße, die Corona-Pandemie festhalten, dass der größte Teil der staatlichen Hilfen Unternehmen und Menschen mit hohen Einkommen zugutekam. Denn die Rettung der Banken in der globalen Finanzkrise, beispielsweise, hat unmittelbar vor allem den Eigentümern, also den Aktionären der Banken und deren meist sehr gut bezahlten Beschäftigten, geholfen.

Ähnliches gilt für die Corona-Pandemie. Natürlich sind viele dieser Hilfen richtig und notwendig, auch weil sie helfen, Arbeitsplätze zu schützen. Aber es gilt festzuhalten: Der größte Teil der Staatsausgaben in Krisenzeiten kommt den Menschen mit den höchsten Einkommen und Vermögen zugute. Das sollte man nicht vergessen, wenn man nun Opfer von allen Bürgerinnen und Bürgern zum Abbau der Staatsschulden in guten Zeiten verlangt.

Nachhaltigkeit von Staatsschulden

Wie besorgniserregend sind die hohen Staatsschulden in der Welt und vor allem in Europa heute? Welche Kriterien müssen angelegt werden, um die Nachhaltigkeit von Staatsschulden zu bestimmen und zu definieren?

Diese Fragen sind wichtig, die Antworten darauf jedoch komplex und gerade im Hinblick auf die Zukunft mit großer Unsicherheit behaftet. Denn es gibt kein einzelnes Maß für die optimale Größe von Staatsschulden. Und es gilt, mit Missverständnissen aufzuräumen, die allzu häufig die Einschätzung von Staatsschulden verzerren.

Schulden richtig messen

Da ist zunächst das Argument, die Staatsschuldenquote sei die relevanteste Größe, um die Nachhaltigkeit von Staatsschulden einschätzen zu können. Das ist falsch, und die Einschätzung beruhte auf dem oben beschriebenen Missverständnis, der Staat müsse seine Schulden wie ein Individuum irgendwann zurückzahlen. Das ist jedoch nicht der Fall. Auch der deutsche Staat hat in den vergangenen siebzig Jahren in einem Jahr fast nie mehr Schulden zurückgezahlt, als dass er neue aufgenommen hätte, und auch die berühmte »schwarze Null« von Wolfgang Schäuble ist eine Schimäre. Der Staat muss vielmehr jedes Jahr verlässlich die Zinsen auf seine Schulden bedienen und auslaufende Schuldverträge in neue Anleihen ersetzen.

Wie irreführend diese Staatsschuldenquote sein kann, zeigt der Vergleich von Japan und Argentinien. Japans Staatsverschuldung liegt bei fast 250 Prozent seiner jährlichen Wirtschaftsleistung. Trotzdem hat das Land seine Schulden seit dem Zweiten Weltkrieg immer zuverlässig bedient. Argentinien dagegen hat in den letzten Jahrzehnten Schulden nicht bedienen können und musste mehrmals Insolvenz erklären – obwohl die argentinische Staatsschuldenquote meist bei zwischen 30 und 50 Prozent der jährlichen Wirtschaftsleistung lag.

Ein sehr viel besseres Maß, um die Nachhaltigkeit von Staatsschulden zu bestimmen, ist daher die Zinsquote. Sie misst die Zinsausgaben relativ zur Wirtschaftsleistung oder wird – noch besser – im Verhältnis zu den Staatseinnahmen berechnet. Denn die Staatseinnahmen bestimmen die Steuerbasis, zeigen also, welcher Anteil der Wirtschaftsleistung sich wirklich durch Steuern und Abgaben am Entrichten der Zinsen auf die Staatsschulden beteiligen kann.

In der Zinsquote zeigt sich ein grundlegend anderes Bild der Staatsverschuldung als in der Schuldenquote. Denn seit 2010 hat sich die Zinsquote in fast allen Industrieländern mehr als halbiert. Die Regierungen der Industrieländer müssen also heutzutage – trotz einer deutlich höheren Staatsschuldenquote – weniger als die Hälfte an Zinsen auf ihre Schulden zahlen als noch 2010. Der Grund dafür liegt offensichtlich in den stark gesunkenen Zinsen, die es für viele Regierungen sehr viel leichter und günstiger machen, die Schulden zu bedienen.

Besonders stark war der Rückgang der Zinsquote in Deutschland. Zahlte die Bundesregierung im Jahr 2008 noch über 40 Milliarden Euro Zinsen auf knapp 60 Prozent Staatsschulden relativ zur Wirtschaftsleistung, so waren es im Jahr 2021 weniger als zehn Milliarden Euro an Zinsen auf über 70 Prozent Staatsschuldenquote. Die Zinsen auf alle Staatsschulden waren in den vergangenen Jahren negativ, der Staat hat also Geld für die Aufnahme von Schulden erhalten.

Die Bundesregierung hat allein im Jahr 2020 für die Neuaufnahme von Schulden sieben Milliarden Euro zusätzlich an Zinsen erhalten. Und diese Zinsquote wird wohl auch in den kommenden Jahren weiter fallen, sodass der Staat noch für einige Zeit auslaufende Staatsanleihen mit positiven Zinsen durch Staatsanleihen mit negativen oder neutralen Zinsen refinanzieren kann.

Daher könnte man fast geneigt sein, dem Staat zu empfehlen, bei solch günstigen Finanzierungsbedingungen noch mehr Staatsschulden aufzunehmen. Aber natürlich brauchen die Staatsschulden nicht nur eine sinnvolle Verwendung, sondern sie müssen nach dem Ende ihrer Laufzeit entweder zurückgezahlt oder neu finanziert werden. Daher haben diejenigen durchaus recht, die mahnen, dass die Zinsen in Zukunft wieder steigen könnten und wohl auch werden und dass bei der Bewertung von Staatsschulden eben auch zukünftige Zinsen explizit mitberücksichtigt werden müssen.

In den kommenden Jahren bietet die Staatsverschuldung in Deutschland jedoch keinen Anlass zur Sorge, zumal viele der neu ausgegebenen Schulden über zehn der sogar dreißig Jahre laufen und für diese Zeit keine Zinsen zu zahlen sind.

Selbst für hoch verschuldete Länder wie Italien oder Spanien sind die Zinsen so niedrig, dass die derzeit anfallenden Zinszahlungen so niedrig sind wie nie in den letzten Jahrzehnten. Zudem konnten sie die durchschnittliche Laufzeit der Staatsanleihen deutlich verlängern. Selbst wenn die Zinsen in den kommenden Jahren steigen sollten, würden sie deswegen nur sehr langsam auf die Zinsquote und damit auf die Nachhaltigkeit der Staatsschulden durchschlagen.

Um die Nachhaltigkeit von Staatsschulden zu beurteilen, dürfen wir jedoch nicht nur auf die nächsten fünf oder zehn Jahre schauen, sondern müssen den Blick weit darüber hinaus schweifen lassen. Und in den Staatsbilanzen gibt es Posten, die mit weit größeren Summen ins Gewicht fallen werden als die Zinsen auf die Staatsverschuldung. Viele Regierungen sind gegenüber ihren Bürgerinnen und Bürgern immense Verpflichtungen eingegangen – etwa bei der gesetzlichen Rente, der Gesundheitsvorsorge und Pflege. Diese Kosten werden in den kommenden Jahrzehnten massiv ansteigen. Diese steigenden Sozialausgaben müssen bei gleichbleibenden Einnahmen und ohne Kürzungen an anderer Stelle über eine höhere Schuldenaufnahme finanziert werden.

Demografie, Wachstum und der Sozialstaat

Die Demografie und die Struktur der Sozialsysteme sind daher zwei ganz entscheidende Faktoren für die Nachhaltigkeit von Staatsschulden. Diesbezüglich hat Deutschland sehr viel größere Herausforderungen zu bewältigen als andere Länder. Wir haben nicht nur einen starken Sozialstaat, sondern auch eine der am schnellsten alternden Gesellschaften in Europa und der Welt. Es ist schwer, die daraus folgenden Zahlungspflichten zu beziffern, da sie ungesicherte Annahmen über Zinsen und wirtschaftliche Entwicklungen erfordern. Sicher ist: Die Summen werden enorm sein, und so ist der sorgenvolle Blick auf die deutschen Staatsfinanzen der kommenden Jahrzehnte gerechtfertigt.

Eng verbunden mit den Staatsschulden ist die Frage des Wirtschaftswachstums. Der beste Weg, um Schulden zu bedienen und Staatsausgaben zu finanzieren, ist ein starkes Wirtschaftswachstum, denn es generiert zusätzliche Steuereinnahmen für den Staat. Wie wichtig das Wachstum ist, zeigt das Beispiel Italiens. Italiens Staatsverschuldung ist in den letzten zwanzig Jahren von wenig mehr als 100 Prozent auf 160 Prozent seiner jährlichen Wirtschaftsleistung angestiegen. Dabei sind die Staatsausgaben prozentual nicht viel stärker gestiegen als in Deutschland. Der entscheidende Unterschied in den letzten zehn Jahren war jedoch, dass Deutschland ein sehr starkes Wirtschaftswachstum und damit ein Plus an Steuereinnahmen generieren konnte, Italien dagegen nicht. Wie oben beschrieben, können sich Staatsausgaben, die zwar kurzfristig die Schulden, aber auch das Wirtschaftswachstum erhöhen, langfristig rechnen und einen schnelleren Abbau von Staatsschulden ermöglichen.

Essenziell für die Nachhaltigkeit der Staatsschulden – also für die Tatsache, ob ein Staat zahlungsunfähig wird oder die Verschuldung so stark steigt, dass sie zu einer wirtschaftlichen Bremse wird – ist auch die Höhe des neutralen Zinses; das heißt das Niveau der Zinsen, das eine volle Auslastung aller wirtschaftlichen Kapazitäten gewährleistet. Der einflussreiche Ökonom Olivier Blanchard argumentiert seit Jahren, dass die Zinsen seit Langem geringer sind als das Wirtschaftswachstum und dass dies neue Spielräume für den Staat eröffnet, sinnvolle Ausgaben zu tätigen, ohne die Nachhaltigkeit der Verschuldung zu gefährden.

Zudem spielen die Gesundheit und Struktur des Finanzsystems eine erhebliche Rolle für die Nachhaltigkeit von Staatsfinanzen. Eine der wichtigsten Motivationen, im Jahr 2010 eine griechische Staatspleite zu vermeiden, war die Sorge, dass dadurch die Staatsanleihen als sichere Anker für Wirtschaft und Kapitalmärkte nicht nur in Griechenland, sondern auch in anderen Ländern der Eurozone verloren gehen könnten.

Wenn der Staat beispielsweise 20 Prozent Zinsen auf seine Schulden zahlen muss, weil er seine Gläubiger nicht bedienen konnte und Sparerinnen und Sparer Risikoprämien verlangen, trifft das gleichermaßen die finanziellen Transaktionen zwischen Unternehmen und anderen privaten Investoren. Die Zinsen steigen also für alle in der Volkswirtschaft massiv, wodurch ein enormer wirtschaftlicher und sozialer Schaden entsteht, meist nicht nur für Monate, sondern für viele Jahre.

Im 20. Jahrhundert sind die meisten Staatsschuldenkrisen durch Bankenkrisen und tiefe Finanzmarktkrisen ausgelöst worden. Die Bankenkrisen führten zu einer Schieflage von Staaten und ihrer Verschuldung. Denn eine Volkswirtschaft kann nicht ohne einen Staat leben, aber genauso dringend benötigt sie ein funktionierendes Finanzsystem. Gerät es ins Rutschen, bleibt den Regierungen meist keine andere Wahl, als die Banken zu retten – oft gelingt das nur durch eine massive Schuldenaufnahme.

Das gilt auch für Deutschland. Kaum ein Land hat nach der globalen Finanzkrise 2008 und 2009 so riesige Summen an Geld in die eigenen Banken gesteckt. Zum Teil waren es staatsnahe Finanzinstitutionen wie die Landesbanken. Aber auch viele private Banken hatten sich verspekuliert und waren immense Risiken eingegangen in der Erwartung, dass ihnen im Fall einer Krise der Staat helfen würde, da sie *too big to fail* wären.

Der deutsche Staat konnte diese große finanzielle Belastung ohne Schaden für die Nachhaltigkeit der eigenen Staatsfinanzen überstehen. Aber Ländern wie Italien, Spanien und Portugal gelang dies nicht, da ihre Staatsfinanzen schon vor der globalen Finanzkrise angespannt waren. Die enormen Ausgaben für die Rettung ihres Finanzsystems und damit der eigenen Wirtschaft brachten diese drei Länder in Schieflage. Unter anderem durch Kredite der europäischen Rettungsmechanismen EFSF und ESM konnten Staatspleiten jedoch vermieden werden. Die Glaubwürdigkeit dieser Länder hat aber großen Schaden genommen, worunter sie noch heute leiden.

Viele andere Faktoren können für die Nachhaltigkeit von Staatsschulden eine wichtige Rolle spielen. Dazu gehört vor allem die Währung, in der die Staatsschulden finanziert werden. Dies ist eine Stärke der Eurozone, von der Deutschland genauso profitiert wie Italien. Denn beide können sich in Euro verschulden, also einer Währung, die eine hohe Glaubwürdigkeit genießt. Auch Investoren und Sparerinnen und Sparer außerhalb der Eurozone legen ihr Geld gern in Euro und in der Eurozone an, da der Euro als eine sichere Währung und die Regierungen der Eurozone als vergleichsweise stabil angesehen werden.

Gerade in Krisenzeiten führt dieses Vertrauen zu einer Flucht in den Euro und in Euro denominierte Anleihen. Noch stärker als beim Euro wirkt dieser Vertrauensbonus beim US-Dollar, der weiterhin als globale Leitwährung gilt. In Krisenzeiten ist die Nachfrage nach in US-Dollar denominierten Finanzprodukten weltweit am stärksten.

Moderne Geldtheorie und Austerität als Irrwege

In manchen politischen und wissenschaftlichen Kreisen hat sich in den letzten Jahren die Überzeugung durchgesetzt, Staatsschulden seien irrelevant. Denn der Staat existiere immer und könne durch seine Zentralbank auch immer neues Geld drucken, um seine Schulden zu bedienen. Die Verfechter dieser Theorie, die ursprünglich aus den USA kommt und als *Modern Monetary Theory (MMT)* bezeichnet wird, sehen daher überhaupt keinen Grund, warum der Staat seine Ausgaben begrenzen sollte. Sie halten eine Diskussion über die Nachhaltigkeit von Staatsschulden im besten Fall für sekundär oder gar irrelevant.

So falsch diese Theorie auch sein mag, ist sie auch eine Reaktion auf eine Politik der Austerität der 2010er-Jahre in Europa, die maßgeblich zur Vertiefung der europäischen Krise beigetragen hat. Es besteht eine reale Gefahr, dass das Pendel nun in das entgegengesetzte Extrem umschlägt und so die Grundlage für eine neue Krise schafft.

Die Idee der »modernen Geldtheorie« klingt erst einmal verlockend: Der Staat druckt sich selbst mit der Druckerpresse so viel Geld, wie er für seine gewünschten Ausgaben benötigt – sei es für zusätzliche Staatsbedienstete, höhere Gehälter und Renten oder für Investitionen in Bildung und Infrastruktur. Wenn das Geld nicht reicht, druckt der Staat einfach Nachschub. Dabei spielt die Höhe der Staatsschulden praktisch keine Rolle, solange der Staat sich in eigener Währung verschulden und diese Schulden notfalls durch die Druckerpresse finanzieren kann – so die Theorie.

Die Verfechter dieser Theorie machen vor allem ein Nachfragedefizit der Privatwirtschaft für die wirtschaftliche Misere verantwortlich. Sie gehen davon aus, dass es mehr Wirtschaftswachstum und Wohlstand für alle gäbe, wenn es mehr Konsum und Investitionen gäbe. Es sei daher die Aufgabe des Staates, durch höhere Staatsausgaben und Staatsschulden eine zusätzliche Nachfrage zu schaffen, in guten wie in schlechten Zeiten.

Lehren aus der europäischen Finanzkrise

Die Austeritätspolitik der 2010er-Jahre in Europa war das andere Extrem. Für die Verfechter dieser Politik sind Staatsschulden und Defizite eine Ursache für Europas Wirtschaftskrise. Sie glauben, dass Staatsausgaben private Investitionen verdrängt und Strukturreformen verzögert haben. Eine Lösung sahen sie in einer Politik der strikten Deckelung der Defizite. Diese wurde in der Krise auch verfolgt.

Der Internationale Währungsfonds und andere haben allerdings gezeigt, dass die Finanzpolitik in Italien, aber auch in Deutschland in den zehn Jahren vor der Pandemie zu restriktiv und zu wenig auf Investitionen fokussiert war. Das habe sowohl die Angebots- als auch die Nachfrageseite geschwächt. Somit haben viele Staaten die Arbeitslosigkeit nicht abbauen und das Potenzialwachstum ihrer Volkswirtschaften nicht verbessern können.

Die moderne Geldtheorie (MMT) und die Austeritätspolitik sind zwei gegensätzliche Extreme, die in einzelnen Aspekten richtig, in ihrer Gesamtheit aber falsch sind. Beide basieren auf drei grundlegenden Fehlern.

Erstens vernachlässigen sie, dass die Finanzpolitik sowohl die Angebotsseite als auch die Nachfrageseite gleichermaßen adressieren muss.

Die moderne Geldtheorie unterschätzt die Angebotsseite und die Tatsache, dass höhere Konsumausgaben des Staates früher oder später zu höherer Inflation führen, da Beschäftigung und Investitionen nicht endlos steigen können. Die Austeritätspolitik unterschätzt die Nachfrageseite und die Tatsache, dass der Staat vor allem in Krisen eine wichtige stabilisierende Aufgabe hat.

Zum Zweiten ignorieren sie die Bedeutung von Schulden. Ab einer gewissen Höhe wirken sich Defizite und Schulden des Staates negativ auf die Investitionen von Unternehmen, den Konsum von Haushalten und somit auf das Wachstum aus. Aber sinkende Staatsschulden sind nicht zwingend besser.

Wie der Ökonom Olivier Blanchard eindrucksvoll gezeigt hat, kann der Staat zurzeit Investitionen extrem günstig finanzieren, ohne eine Erhöhung der Schuldenquote fürchten zu müssen. Das klingt erst mal nach einer guten Sache: Wichtige Zukunftsinvestitionen, zum Beispiel in Bildung und Infrastruktur, können getätigt und das Potenzial der Volkswirtschaft erhöht werden.

Beide Denkrichtungen unterschätzen aber, dass sowohl der Zins als auch das Wirtschaftswachstum entscheidend von der Höhe und der Qualität der Staatsausgaben abhängen. So führt ein starker Anstieg konsumtiver Staatsausgaben meist lediglich zu weniger Wachstum, einer höheren Schuldenquote und steigenden Realzinsen. Gleichermaßen führt eine restriktive Fiskalpolitik, die öffentliche Investitionen vernachlässigt, zu einer langfristigen Schwächung der Angebotsseite und somit gleichermaßen zu weniger Wachstum und Einkommen.

Und drittens verbindet MMT und Austeritätsdogma eine zu geringe Wertschätzung der Geldpolitik. Eine Zentralbank mit dem Mandat der Preisstabilität wird auf eine starke Erhöhung der Staatsausgaben früher oder später mit höheren Zinsen reagieren müssen, um die Preise stabil zu halten. Dieser Zinsanstieg führt dazu, dass private Investitionen durch öffentliche Ausgaben ersetzt werden und es dadurch zu weniger Wachstum und Beschäftigung kommt.

Die Wahrheit liegt in der Mitte. Eine kluge Finanzpolitik verschreibt sich weder der modernen Geldtheorie noch der Austeritätspolitik. Sie fördert Zukunftsinvestitionen und erhöht somit das Potenzialwachstum. Sie verhindert einen exzessiven Anstieg der Staatsschulden und lässt der Zentralbank ausreichend Spielraum, ohne sie zu überlasten.

Die Finanzpolitik, die in Europa betrieben wird, sieht leider noch ganz anders aus – auch in Deutschland. Die öffentlichen Investitionen, zum Beispiel in Bildung, Innovation und Infrastruktur, sind seit Jahrzehnten viel zu schwach. Das gefährdet langfristig die Wettbewerbsfähigkeit und damit zukünftigen Wohlstand und zukünftige Jobs.

Die Popularität der modernen Geldtheorie sollte uns nicht überraschen. Sie ist, wie gesagt, die Reaktion auf die Austeritätspolitik der letzten zehn Jahre. Wahr ist jedoch: Nicht ein gigantischer fiskalischer Impuls wie in den USA, sondern eine deutliche und langfristige Erhöhung von Zukunftsinvestitionen, klügere Fiskalregeln und eine Stärkung der eigenen Notenbanken wären die ungleich bessere Antwort auf die wirtschaftspolitischen Fehler der Vergangenheit.

Zukunftsinvestitionen mit klugen Schuldenregeln

Der schwerwiegendste Fehler in der hitzig geführten Debatte um nachhaltige Staatsfinanzen ist die Obsession bezüglich der Verschuldung. Hier liegt das Versagen der deutschen Politik der vergangenen Jahrzehnte. Denn die Staatsschulden relativ zur Wirtschaftsleistung haben in den vergangenen zwanzig Jahren zwischen 60 und 70 Prozent geschwankt.

Dagegen sind die öffentlichen Vermögen – also der Wert von Straßen, Brücken, Schulgebäuden und anderen öffentlichen Einrichtungen – im selben Zeitraum deutlich geschrumpft. Auch die Umwelt und das Klima wurden weiter irreversibel zerstört. Der Wert von intaktem Klima und Umwelt lässt sich schwer in Euro oder US-Dollar ausdrücken. Als Lebensgrundlage ist er aber unschätzbar. Eine Betrachtung von Schulden muss daher immer auch die Kehrseite der Vermögen und die Lebensgrundlage berücksichtigen.

Und hier zeigt sich: Deutschland hat in den vergangenen zwei Jahrzehnten von seiner Substanz gelebt. Nicht die Staatsschulden sollten Sorge oder Empörung auslösen, sondern der irreversible Schaden, den Klima und Umwelt sowie viele andere essenzielle öffentliche Güter durch unterlassene Investitionen genommen haben.

Das wichtigere Defizit

Der Nettowert unseres Staatsvermögens ist seit dem Jahr 2000 um fast 500 Milliarden Euro gesunken. Das bedeutet, dass das öffentliche Vermögen stärker geschrumpft ist, als die Staatsschulden gesunken sind. Jeder Mensch weiß, dass er sein Verschuldungsproblem nicht dauerhaft durch den Verkauf seiner Vermögenswerte lösen kann. Irgendwann sind sie aufgebraucht. Das Gleiche gilt für den Staat: Das verloren gegangene Vermögen steht zukünftigen Generationen nicht mehr zur Verfügung und schwächt die wirtschaftliche Leistungsfähigkeit. Der Verlust gefährdet gute Jobs und damit unseren Wohlstand.

Deutschland steht heute vielleicht am aus wirtschaftspolitischer und sozialer Perspektive wichtigsten Wendepunkt der letzten siebzig Jahre. Das Land ist seit drei Jahrzehnten daran gescheitert, eine nachhaltige Wirtschaftspolitik zu verfolgen: den Schutz von Klima und Umwelt, die digitale Transformation der Wirtschaft und die soziale Erneuerung unserer Gesellschaft.

Olaf Scholz sprach Ende 2021 »von den größten Wirtschaftsreformen in hundert Jahren«, die von der Bundesregierung verlangt werden. Denn wenn sich das Land in den nächsten vier Jahren nicht erfolgreich auf einen Reformkurs begibt, dann droht auch ein enormer wirtschaftlicher Schaden durch den Verlust von Wettbewerbsfähigkeit und vielen guten Arbeitsplätzen und Wohlstand.

In der Wissenschaft besteht ein breiter Konsens darüber, dass in den kommenden zehn Jahren mindestens 500 Milliarden Euro an öffentlichen Investitionen allein für diese drei Zukunftsaufgaben mobilisiert werden müssen. Sicherlich kann und sollte ein Teil davon durch den Abbau schädlicher Subventionen, beispielsweise für Kohle oder Dieselbenzin, finanziert werden. Das allein wird jedoch bei Weitem nicht ausreichen. Es werden deutlich höhere Staatsschulden notwendig sein, als die Schuldenbremse derzeit zulässt.

Der beste Weg für die neue Bundesregierung wäre es, 2022 die gesamten notwendigen öffentlichen Gelder für die kommenden zehn Jahre an Schulden aufzunehmen, um dann ab 2023 die Schuldenbremse wieder einhalten zu können. Von einigen Seiten gibt es jedoch großen Widerstand gegen solche Rücklagen oder auch gegen die Schaffung von Investitionsfonds, die am Haushalt und an der Schuldenbremse vorbei künftig Investitionen finanzieren würden.

Auch deshalb wird von mancher Seite kolportiert, man könne doch private Unternehmen diese wichtigen Investitionen tätigen lassen. Die Idee scheint clever, wenn auch zu clever: Nicht der Staat solle Straßen, öffentliche Gebäude oder digitale Netze bauen und zur Verfügung stellen, sondern private Unternehmen, die dafür in den nächsten zwanzig, fünfzig oder hundert Jahren Gebühren vom Staat oder von den Bürgern erheben. Es gibt durchaus erfolgreiche Beispiele dafür, dass solche öffentlich-privaten Partnerschaften (ÖPP) gut funktioniert haben. Aber es gibt auch zahlreiche Nachteile und Risiken, die den Ausbau von ÖPP stark beschränken.

Viele der Investitionen in Klimaschutz, in digitale Transformation und soziale Erneuerungen rechnen sich wirtschaftlich nicht sofort oder werfen nicht umgehend Erträge ab. Kein privates Unternehmen wird allein aus wirtschaftlichen Gründen an jeder Milchkanne ein schnelles Internet zur Verfügung stellen, weil sich das nicht rechnet. Genau das aber braucht Deutschland, wenn wir nicht nur eine erfolgreiche Wirtschaft, sondern auch wirklich gleichwertige Lebensbedingungen wollen.

Es geht um so grundlegende Aufgaben, dass dies nur der Staat übernehmen kann. Natürlich muss er bessere Rahmenbedingungen für private Investitionen, beispielsweise im Wohnungsbau, setzen, aber auch er selbst muss deutlich mehr in den sozialen Wohnungsbau investieren. Das ist eine der bitteren Lehren der Wohnungsmisere.

Und der Staat wird auch gigantische Risiken eingehen müssen, die letztlich nur die Gemeinschaft und kein einzelnes Unternehmen tragen kann. Der Versuch, öffentliche Aufgaben durch private Investitionen zu übernehmen, würde also in erheblichem Maße zu Mitnahmeeffekten führen und nicht neue, sondern vor allem schon geplante private Investitionen finanzieren und subventionieren.

Es ist wichtig, dass eine neue Bundesregierung den Menschen und Unternehmen keine Mogelpackung in Bezug auf Zukunftsinvestitionen anbietet. Sie darf nicht nur versprechen, dass genug Geld da sein wird, sondern sie muss dieses Geld auch »ins Schaufenster stellen«, sich also verpflichten, nicht nur Ziele zu benennen, sondern auch Wege aufzuzeigen, wie diese umgesetzt werden sollen.

Eine solche Ehrlichkeit und Klarheit auch bezüglich der Finanzierung der Zukunftsinvestitionen wird über den Erfolg der Umsetzung entscheiden. Seit Jahren klagt etwa die Bauwirtschaft, dass man nicht mehr Kapazitäten aufbauen wolle, da es an Planungssicherheit fehlt. Ein verbindliches Signal mit klaren Summen und Plänen der öffentlichen Hand ist essenziell, um die Bauwirtschaft zum Aufbau von Kapazitäten zu bringen.

Genauso wichtig sind die Verteilung der Gelder und die Rahmenbedingungen. Die geplanten Zukunftsinvestitionen werden nur erfolgreich sein können, wenn vor allem Kommunen finanziell gestärkt werden. Über die Hälfte aller öffentlichen Investitionen werden von den Kommunen getätigt, und schon heute fehlen ihnen 140 Milliarden Euro, um existierende Lücken zu füllen, geschweige denn neue Aufgaben zu stemmen.

Bei den Rahmenbedingungen für private und öffentliche Investitionen geht es nicht nur um Geld, sondern vor allem um eine bessere, effizientere Regulierung. Sie würde schnelle und zuverlässige Verfahren für Unternehmen schaffen. Der größte Engpass liegt jedoch bei den Kapazitäten der öffentlichen Hand. Zu viele Kommunen, Städte und Länder haben über Jahrzehnte Planungsstellen personell ausgedünnt und Expertise verloren. Dieses Manko wird man nicht in einem oder zwei Jahren kompensieren können. Hier sind kluge Ideen notwendig, wie Kapazitäten und Expertisen der öffentlichen Hand gebündelt werden können.

Ein wichtiger Punkt für den Erfolg der Jahrhundertaufgabe der Transformation bei Klima, Digitalisierung und Sozialsystem wird sein, die Erwartungen von Wirtschaft und Gesellschaft klug zu steuern. Das erfordert Ehrlichkeit und Klarheit auch bei der Frage, wie diese Transformation finanziert werden soll. Dazu gehört das Eingeständnis einer neuen Bundesregierung: Der Staat muss deutlich höhere Schulden aufnehmen, damit die Transformation gelingen kann. Entweder bringt man diese höheren Schulden in Einklang mit der Schuldenbremse, oder der Bundestag muss die Schuldenbremse ändern. Einen anderen Weg gibt es nicht.

Kluge und keine blinden Regeln

Kluge Schuldenregeln müssen dabei keine Bremse für Zukunftsinvestitionen sein. Ganz im Gegenteil: Investitionen in Klimaschutz, digitale Transformation und soziale Erneuerung schützen den wirtschaftlichen Wohlstand, schaffen Wachstum und Arbeitsplätze und generieren somit langfristig höhere Steuereinnahmen für den Staat. Schuldenregeln sollen also sicherstellen, dass der Staat sich nicht zu stark verschuldet und seine Ausgaben ausreichend stark auf Zukunftsinvestitionen konzentriert.

Genau hier liegt die Schwäche der gegenwärtigen Schuldenbremse, die im deutschen Grundgesetz verankert ist. Sie erlaubt für den Bund ein strukturelles Defizit von maximal 0,35 Prozent und fordert von den Bundesländern einen strukturell ausgeglichenen Haushalt. Sie ist somit komplett blind gegenüber der Frage, wofür der Staat sein Geld ausgibt, und hat es zugelassen, dass öffentliche Investitionen weiter geschwächt werden. Das Dilemma ist allzu häufig, dass der Staat in wirtschaftlich schlechten Zeiten soziale Ausgaben erhöht, was kurzfristig zulasten öffentlicher Investitionen geht. In guten Zeiten fehlt es dem Staat jedoch an Disziplin, den Investitionsrückstand zu kompensieren. Deshalb ist ein Umdenken dringend erforderlich.

Wie könnten Reformen der deutschen Schuldenbremse aussehen? Der Staat könnte sich, zusätzlich zur Schuldenbremse, eine haushaltsrechtliche Verpflichtung zum Schutz öffentlicher Investitionen auferlegen. Diese Investitionsregel sollte drei Elemente enthalten.

Erstens sollte sie eine Regierung dazu verpflichten, positive Nettoinvestitionen in der Legislaturperiode zu tätigen. Die öffentlichen Investitionen müssten den Wertverlust kumuliert über die vier oder fünf Jahre einer Legislaturperiode überschreiten. Dabei sollten auch Ausgaben für Bildung und Innovation zu den öffentlichen Investitionen hinzugezählt werden.

Ein solcher Investitionsschutz gibt einer Regierung inhaltliche Flexibilität, um Prioritäten bei Investitionen zu setzen. Gleichzeitig bietet er zeitliche Flexibilität, um in schwierigen Zeiten temporär Schwerpunkte bei den Sozialausgaben setzen zu können, was in besseren Zeiten durch eine Stärkung der öffentlichen Investitionen kompensiert werden muss. Zudem müsste jede Regierung dadurch noch in der laufenden Legislaturperiode Rechenschaft über das eigene Handeln ablegen. Die Wähler könnten eine Regierung für ihr Scheitern also an der Wahlurne abstrafen.

Zum Zweiten ist mehr Transparenz über den Wert öffentlicher Vermögen erforderlich, wie durch die Einführung der sogenannten Doppik, wogegen sich jedoch viele Gebietskörperschaften noch wehren, oder anderer Optionen der Offenlegung.

Und als Drittes sollten Regierungen in guten Zeiten Überschüsse in eine Investitionsrücklage überführen, damit Investitionen in schwierigen Zeiten nicht zu stark leiden. Diese Rücklagen könnten dann gezielt zur Finanzierung längerfristiger Investitionsprojekte eingesetzt werden.

Fazit:

Sparen per se ist genauso wenig gut, wie Schulden per se schlecht sind. Sparen und Schulden sind Spiegelbilder, die einander bedingen. Ich kann einen Euro ultimativ nur dann als Ersparnis anlegen, wenn jemand anders gewillt ist, diesen Euro als Schulden aufzunehmen. Staatsschulden waren in der Geschichte essenziell, um die Existenz von Gesellschaften zu schützen, die

Demokratie zu stärken und eine soziale Marktwirtschaft zu ermöglichen.

Schulden in Maßen und für Zukunftsinvestitionen haben sich in der Geschichte meist als kluge Entscheidungen erwiesen. Zwar gibt es heute zunehmend Ungleichgewichte – hohen Staatsschulden stehen hohe private Vermögen gegenüber –, die Staatsschulden sind jedoch in den meisten Fällen noch nachhaltig, auch weil die Zinsen seit geraumer Zeit geringer sind als das Wachstum der Wirtschaft. Trotzdem ist Vorsicht geboten. Der Staat muss umsichtig mit seinen Finanzen haushalten, um den Bürgern und der Wirtschaft nicht zu schaden. Er kann dies am besten tun, indem er Zukunftsinvestitionen mit klugen Schuldenregeln verbindet.

Eine entscheidende Frage ist, ob die Bundesregierung genug Mut und politischen Willen aufbringt, die notwendigen Veränderungen schnell und überzeugend genug umzusetzen. Dies erfordert ein massives privates und öffentliches Investitionsprogramm mit ambitionierten Zielen. Nicht die inhaltlichen Prioritäten der Bundesregierung werden entscheidend für einen langfristigen Erfolg der ökologischen und digitalen Transformation sein, sondern der Mut, die Geschwindigkeit und die Entschiedenheit der Umsetzung.

Um dieses notwendige und realistische Programm umzusetzen, wird die Bundesregierung massiv neue Schulden aufnehmen müssen. Daran wird kein Weg vorbeiführen, wenn sie ihre Aufgabe ernst nimmt. Schulden für Klimaschutz, digitale Transformation und soziale Erneuerung sind die besten Schulden, die eine neue Bundesregierung machen kann. Denn sie schützen den Wohlstand und vor allem auch die Interessen künftiger Generationen.

4.

DER MYTHOS DER SCHÄDLICHEN NIEDRIGEN ZINSEN

Die Empörung über die anhaltende Niedrigzinsphase nimmt zu. Fast niemand erhält 2022 auf sein Sparkonto noch Zinsen. Schon bei einem Nullzinsniveau und steigenden Gebühren der Banken schrumpft die Summe des Ersparten. Ebenso schmerzvoll ist für viele der Anstieg der Inflation, der den realen Wert, die Kaufkraft des Ersparten, schrumpfen lässt. Was lange Zeit als ein gutes und verlässliches Mittel galt, um Erspartes aufzubauen – das Sparkonto –, scheint ein Verlustbringer zu werden. Viele erinnern sich mit Wehmut an die 1990er-Jahre, als die Inflation moderat war und die Zinsen auf dem Sparkonto bei fünf oder sechs Prozent lagen.

Haben wir nicht einen Anspruch auf Zinsen und Sicherheit? Darauf, dass unser Erspartes nicht an Wert verliert? Ist es nicht Aufgabe des Staates, der Zentralbank oder unserer Bank, dies zu gewährleisten?

Hinzu kommt, dass die niedrigen Zinsen viele andere Risiken beinhalten. So könnten sie zu den Preissteigerungen von Immobilien, Aktien und anderen Vermögenswerten beitragen. Sie könnten sogenannten Zombiefirmen das Überleben ermöglichen und somit junge Unternehmen verdrängen. Und sie könnten Regierungen und Unternehmen falsche Anreize bieten, hohe Schulden aufzubauen und damit enorme Risiken einzugehen, die letztlich auf die Bürgerinnen und Bürger zurückfallen könnten.

Viele Menschen in Politik, Medien und Zivilgesellschaft fordern daher immer vehementer ein Ende der Niedrigzinsphase. Aber ist das so einfach? Wer ist verantwortlich für die niedrigen Zinsen, was sind die Ursachen? Sind niedrige Zinsen wirklich so schlecht und schädlich?

Viele Mythen ranken sich um Ursachen und Auswirkungen der Niedrigzinsphase. Sie tragen dazu bei, dass Menschen schlechte Sparentscheidungen treffen und die Vermögensungleichheit weiter wächst. Dieses Kapitel will eine ausgewogene und kritische Perspektive auf die Niedrigzinsdebatte ermöglichen.

Gewinner und Verlierer der Niedrigzinsen

Für viele Menschen in Deutschland sind niedrige Zinsen zweifelsohne ein großes Problem. Schon seit mehreren Jahren gehen die Zinsen auf dem Sparkonto praktisch gegen null Prozent. Viele Banken erhöhen gar ihre Gebühren. Und bei großen Ersparnissen kommt es sogar vor, dass Banken Zinsen von den Eigentümern verlangen, also einen Prozentsatz auf die gesamte Summe. Viele Banken haben sich das bisher noch nicht getraut, wohl wissend, dass dies bei vielen Sparerinnen und Sparern wohl eine Revolte auslösen würde, und aus Sorge, sie an andere Banken zu verlieren. Es sind jedoch nicht nur die Zinsen bei null Prozent, sondern auch die Inflation hat nun im zweiten Teil der Pandemie wieder zugenommen, sodass die reale Kaufkraft des Ersparten stetig an Wert verliert.

Kaum ein Thema hat in den vergangenen Jahren so viel Empörung ausgelöst. Einige Politiker haben sich dies zu eigen gemacht und vehement die europäische Zentralbank als Schuldigen für die niedrigen Zinsen ausgemacht. Sie fordern, die EZB müsse nun umgehend die Zinsen wieder auf ein erträgliches Niveau erhöhen, sodass Sparen sich wieder lohnt und Menschen für das von ihrer Arbeit hart abgerungene Ersparte wieder angemessen entlohnt werden.

Vor- und Nachteile niedriger Zinsen

Zu Beginn der Niedrigzinsphase schienen sie nur die Banken selbst zu treffen: Negativzinsen. Die Banken mussten plötzlich Geld zahlen, um Einlagen bei der Zentralbank zu parken. Das Ziel war klar: Die Banken sollten Anreize erhalten, das Geld zu attraktiven Konditionen zum Beispiel an Unternehmen zu verleihen, damit diese investieren, Arbeitsplätze schaffen, die Wirtschaft ankurbeln. Für die Sparer bedeutete das aber, dass die Zinsen auch für ihre Guthaben sanken.

Wohlhabende bekamen die Auswirkungen der Negativzinsen bald auch direkt zu spüren: Für große Sparsummen erhoben die Banken erste Verwahrentgelte. Im Laufe des Jahres 2021 nahm die Zahl der Banken stetig zu, die solche Verwahrentgelte erhoben, und zwar für immer kleinere Summen. Nun traf es teilweise auch schon Kleinsparer mit Sparsummen ab 5000 Euro. Mittlerweile wird vor Gericht um die Zulässigkeit dieser Gebühren gestritten. Umso lauter werden die Rufe, die EZB möge die Negativzinsen abschaffen und ein Ende der Niedrigzinsphase einläuten.

Aber ist das wirklich so einfach? Könnte die EZB die Zinsen auf ein frei gewähltes Niveau erhöhen? Und wichtiger noch: Ginge es den meisten Bürgerinnen und Bürgern dann wirklich besser, würden sie zu den Gewinnern höherer Zinsen zählen?

So einfach diese Forderung klingt, so falsch ist sie. Denn weder kann eine Zentralbank die Zinsen frei setzen, noch würden höhere Zinsen den meisten Menschen helfen. Es ist daher wichtig, mit den falschen Mythen über die Nullzinsen und die »Enteignung des deutschen Sparers« aufzuräumen.

Eine erste und völlig berechtigte Sorge ist, bei niedrigen Zinsen würde sich das Sparen nicht mehr lohnen, Menschen könnten kein Erspartes aufbauen und so für das Alter vorsorgen. Durch den Kaufkraftverlust der negativen realen Zinsen, die dazu führen, dass die Inflation höher ist als der Nominalzins auf dem Sparkonto, müssten Menschen gar immer mehr sparen, nur um die Kaufkraft ihres Vermögens zu bewahren. Das wiederum verlange Einschränkungen beim Konsum und tagtäglichen Leben.

Die Enttäuschung ist gerechtfertigt. In den 1990er- und 2000er-Jahren schien es, als könnte man durch Sparen mit dem Sparkonto, dem Bausparvertrag oder der Lebensversicherung mit hohen Zinsen ausreichend Vermögen und damit Vorsorge aufbauen. Dies gilt heute nicht mehr.

Aber ist es wirklich so einfach, niedrige Zinsen als schädlich zu kritisieren und eine Änderung zu verlangen?

Niedrige Zinsen sind für manche ein Problem, für andere jedoch eine Chance und wichtig für das wirtschaftliche Überleben. Und bei genauer Betrachtung sind es nicht selten dieselben Menschen, die auf der einen Seite unter niedrigen Zinsen leiden und auf der anderen Seite von ihnen profitieren. Denn niemand ist nur Sparerin oder Sparer. Alle sind auch Bürgerin oder Bürger, Arbeitende, Vater oder Mutter, Steuerzahlender oder Europäerin.

Und viele Kritiker der Niedrigzinsen lassen unerwähnt, dass 40 Prozent der erwachsenen Deutschen gar kein nennenswertes Vermögen besitzen. Fast nirgends in den entwickelten Volkswirtschaften gibt es einen so hohen Anteil an Menschen, die nicht sparen und damit auch keine private Altersvorsorge betreiben.

Andere Deutsche hingegen sind nicht nur Sparer, sondern viel häufiger noch Erwerbstätige und damit auf einen sicheren Arbeitsplatz angewiesen. Die niedrigen Zinsen haben ganz entscheidend dazu beigetragen, dass Unternehmen expandieren und dadurch Mitarbeiter einstellen und beschäftigen können. Man kann sich leicht vorstellen, was passiert wäre, wenn die Zinsen in den Jahren der Pandemie nicht so gering gewesen wären: Viele Unternehmen hätten noch größere Schwierigkeiten gehabt, an Kredite zu kommen und Investitionen zu finanzieren. Der Anstieg der Arbeitslosigkeit wäre deutlich höher gewesen.

Die expansive EZB-Geldpolitik hat in den letzten Jahren viele Millionen Jobs in Europa und in Deutschland geschaffen oder gesichert. Vor allem die deutsche Wirtschaft hat durch ihre hohe Abhängigkeit von Exporten von den niedrigen Zinsen, der Verfügbarkeit von Krediten, der Sicherung der wirtschaftlichen Stabilität Europas und einem relativ schwachen Euro profitiert. Die gute wirtschaftliche Entwicklung unseres Landes in den 2010er-Jahren ist auch diesen günstigen Zinsen und Finanzierungsbedingungen zu verdanken und hat zu Lohnsteigerungen in fast allen Einkommensschichten geführt.

Die Klagen darüber, die EZB ginge zu hohe Risiken im Zahlungssystem Target oder mit ihrer Kreditvergabe ein, sind widersprüchlich: Auf der einen Seite will Deutschland vom Euro profitieren, auf der anderen Seite aber selbst möglichst wenig zum gemeinsamen Gelingen des Euro beitragen.

Viele Deutsche sind zudem Eltern oder Großeltern, die den Wunsch haben, dass ihre Kinder und Enkelkinder auch noch in zehn oder zwanzig Jahren lohnenswerte Arbeit finden. Jeder ist Konsument oder Konsumentin, der oder die auch künftig noch seine Grundbedürfnisse mit dem Einkommen decken muss. Die niedrigen Zinsen haben dazu beigetragen, dass der Euro und damit auch die Preise für die Konsumenten stabil geblieben sind.

Jede und jeder Deutsche ist auch Europäerin oder Europäer. Es ist richtig, dass Länder wie Italien oder Spanien, die besonders stark in der Pandemie gelitten haben, in den vergangenen Jahren noch mehr von der expansiven Geldpolitik profitiert haben als Deutschland. Aber ist es schlimm, wenn anderen, die sich in einer noch tieferen Krise befinden, etwas zugutekommt? Geht es nicht auch um Solidarität, nicht nur innerhalb Deutschlands, sondern auch innerhalb Europas? Zumal nicht genug betont werden kann, dass auch Deutschland zu den Gewinnern der niedrigen Zinsen zählt.

Staat und Steuerzahlende als Profiteure

Und die meisten Deutsche sind Steuerzahlende. Diejenigen, die über niedrige Zinsen schimpfen, lassen gern außer Acht, dass dies dem Staat jedes Jahr 45 Milliarden Euro an Zinsausgaben erspart. Dies entlastet den Steuerzahler und hat es dem Staat in den letzten zehn Jahren erlaubt, die Sozialausgaben deutlich zu erhöhen.

Zwei interessante Fakten: Derzeit verdient der Staat mit dem

Schuldenmachen sogar Geld. Die Bundesregierung erhielt im Jahr 2020 Milliarden Euro für ihre neuen oder neu finanzierten Schulden. Gleichzeitig ist es der wichtigste Vorsatz der Menschen in Deutschland für das kommende Jahr, mehr zu sparen. Während sich also der Staat immer stärker verschuldet, wollen die Menschen immer mehr zurücklegen.

Doch die niedrigen Zinsen, die den Staat zwar freuen, erschweren zunehmend die private Vorsorge, auch wenn die Menschen viel sparen. Beide Phänomene hängen eng miteinander zusammen und zeigen unsere Schwachpunkte bei der Wahrnehmung von Schulden, aber auch die Probleme der privaten Vorsorge. Es gilt daher, die richtigen Schlüsse aus diesen Fakten zu ziehen.

Der deutsche Staat hat im Jahr 2020 im Durchschnitt Negativzinsen von 0,56 Prozent auf neu ausgegebene Staatsanleihen erzielt. Noch größer waren die Einsparungen für 2021. Das bedeutet konkret, dass allein die knapp 200 Milliarden Euro Neuverschuldung dem Staat jedes Jahr eine Milliarde Euro an Zinseinnahmen einbringen. Kürzer laufende Staatsanleihen haben dabei stärker negative Zinsen. Aber selbst eine dreißigjährige Anleihe – mit einer Laufzeit bis 2050 – konnte der Bund im September 2020 praktisch zu Nullzinsen finanzieren.

Hinzu kommt die Refinanzierung auslaufender Anleihen, die dem Staat zunehmend Zinseinnahmen bringen. So konnte eine zehnjährige Staatsanleihe, für die der Bund in den vergangenen zehn Jahren 2,5 Prozent an Zinsen pro Jahr entrichten musste und die in diesem Jahr fällig wurde, nun zu negativen Zinsen neu ausgegeben werden.

Dies hat zu einer drastischen Veränderung der Zinsausgaben des Bundes geführt. Zahlte er 2008 noch 40 Milliarden Euro an Zinsen, um seine Schulden zu bedienen, waren es lediglich zwölf Milliarden Euro im Jahr 2019. Die anhaltenden negativen Zinsen werden dazu führen, dass der Bund in ein paar Jahren netto auf seine Staatsschulden keinerlei Zinszahlungen mehr entrichten muss, sondern Geld für diese Schulden erhält – wenn denn die Zinsen so niedrig bleiben.

Auf der anderen Seite stehen die Bürgerinnen und Bürger, die in der Pandemie häufig finanziell hart getroffen wurden. Dank starker Hilfen durch den Staat sind die verfügbaren Einkommen in den Pandemiejahren 2020 und 2021 nicht eingebrochen, sondern durchschnittlich sogar leicht gestiegen. Dies verteilt sich aber sehr ungleich: Viele Menschen konnten ordentliche Lohnsteigerungen verzeichnen, darunter die meisten Staatsbediensteten. Andere dagegen – vor allem Minijobber, Soloselbstständige und Beschäftigte in den von der Pandemie am stärksten betroffenen Branchen – hatten schon vor der Pandemie häufig die geringsten Einkommen und mussten nun noch deutliche Einschnitte hinnehmen.

Unser Land ist also nicht Verlierer der Niedrigzinspolitik der EZB, sondern einer der Gewinner. Und nicht nur das Land, sondern jeder Einzelne von uns hat in der einen oder anderen Form von der Geldpolitik und dem Euro profitiert.

Ein Recht auf Schutz des Geldeigentums?

Niedrige Zinsen haben also Vorteile und Nachteile. Für die Kleinanleger mögen sie problematisch sein. Für den Arbeitnehmer könnten sie jedoch essenziell sein, um den Job zu sichern und ein gutes Einkommen zu erzielen. Denn nur wenn ein Unternehmen an Kredite kommt und investieren kann, kann es sich behaupten.

Was jedoch viele empört, ist die Tatsache, dass Zinsen auch negativ sein können, dass Banken ihre Gebühren erhöhen oder für große Spareinlagen sogar Zinsen verlangen. Der frühere Richter am Bundesverfassungsgericht, Paul Kirchhof, moniert, negative Zinsen seien eine »Enteignung der Sparer«, die verfassungswidrig und illegal sei.

Haben wir ein Anrecht auf positive Zinsen? Und wenn ja, gegenüber wem? Kritiker der niedrigen Zinsen haben den Schuldigen seit geraumer Zeit ausgemacht: die Europäische Zentralbank, die mit ihrer Geldpolitik den Sparerinnen und Sparern das Geld aus der Tasche ziehe und am besten vom Bundesverfassungsgericht daran gehindert werden sollte. Dies ist jedoch aus vielerlei Hinsicht falsch und widerspricht den Prinzipien der sozialen Marktwirtschaft.

Nicht die EZB zahlt den Sparerinnen und Sparern einen Zins, sondern die Geschäftsbanken, bei denen wir unsere Sparkonten führen. Niemand zwingt uns, unser Geld bei einer bestimmten Bank zu deponieren, noch überhaupt in einer Bank. Wir könnten es auch in Bargeld halten, davon mittlere Dienstleistungen kaufen oder es in einer anderen Form, wie Gold oder Edelstein, versuchen zu sichern.

Die Kritiker behaupten, es sei trotzdem die Zentralbank, die mit ihrer Kreditvergabe zu bestimmten Zinssätzen an die Geschäftsbanken diesen Sparzins direkt bestimmen könne. Aber auch das stimmt nur in sehr begrenztem Maße. Das Ziel der meisten Zentralbanken, wie auch der EZB, ist es, die Preise stabil zu halten. Das kann nur gelingen, wenn die Wirtschaft gut läuft, Unternehmen also investieren und Verbraucherinnen und Verbraucher konsumieren und sich das Angebot und die Nachfrage damit in etwa die Waage halten. Die EZB, wie auch viele andere Zentralbanken der Welt, haben vor allem in der Pandemie den Geschäftsbanken zusätzliche Kredite zu sehr günstigen Konditionen gegeben, damit diese an Unternehmen und Konsumenten weitergeleitet werden konnten, um die Wirtschaft zu stützen.

Das hat nur begrenzt gut funktioniert. Zum einen, da viele Geschäftsbanken nur relativ wenige Kredite vergeben konnten oder wollten, zum anderen, weil sie hohe Risiken in der Kreditvergabe sahen. Dies hat dazu geführt, dass viele Geschäftsbanken diese Liquidität nicht als Kredite an die Privatwirtschaft vergeben haben, sondern als sogenannte Überschussliquidität wieder bei der EZB geparkt haben. Die EZB hat versucht, dieses Verhalten zu begrenzen, indem sie von den Geschäftsbanken einen negativen Einlagezins für dieses Vorhalten von Liquidität verlangt.

Wir sehen also, die Bestimmung der Zinsen ist komplex und kann nicht allein der Zentralbank oder den Geschäftsbanken zugewiesen werden. Die Zinsen sind letztlich das Resultat eines Marktmechanismus, von Nachfrage und Angebot von Liquidität und Krediten.

Hinzu kommt, dass der nominale Zins für die Sparerinnen und Sparer eigentlich recht irrelevant ist. In den 1970er-Jahren lagen die nominalen Zinsen für Erspartes auf dem Sparkonto mehrere Jahre bei vier oder fünf Prozent, die Inflation jedoch zum Teil deutlich darüber. Obwohl die Menschen im Vergleich zu heute also recht hohe nominale Zinsen erhielten, schrumpfte die Kaufkraft dieses Ersparten. Eine Sparerin verliert also gleich viel, wenn die Zinsen bei null Prozent liegen und die Inflation bei zwei Prozent, wie wenn die Zinsen bei fünf Prozent liegen und die Inflation bei sieben Prozent.

Tatsächlich waren die realen Zinsen, also die Differenz zwischen nominalen Zinsen und Inflation, über ungefähr die Hälfte der Zeit zwischen den 1960er- und den 1990er-Jahren negativ. Auch das zeigt, wie widersprüchlich die Behauptung einer »Enteignung der Sparer« ist. Negative reale Zinsen auf dem Sparkonto waren und sind nicht nur in Deutschland, sondern weltweit recht normal und üblich. Das heißt nicht, dass dies zu jeder Zeit wünschenswert und gut ist, aber es zeigt, dass die gegenwärtige Situation der geringen oder sogar negativen realen Zinsen im historischen Kontext überhaupt nicht ungewöhnlich ist.

Der Zins als Gleichgewicht zwischen Sparen und Schulden

Wie oben beschrieben, kann man sich den Zins also sehr vereinfacht als das Resultat von Angebot und Nachfrage nach Geld in einer Volkswirtschaft vorstellen. Je mehr Menschen sparen wollen, desto geringer ist (bei sonst gleichbleibenden Bedingungen) der Zins. Denn das Geld, das der Sparer auf das Bankkonto legt, kann nur dann eine Rendite, also einen Zins, abwerfen, wenn es auf der anderen Seite jemanden gibt, der dieses Geld als Kredit haben möchte, um es zu investieren – etwa in ein Unternehmen, eine Immobilie oder für privaten Konsum.

Wenn aber weniger das Ersparte haben wollen, dann können nur niedrige Kreditkosten – ergo niedrige Zinsen für den Kreditgeber – Unternehmen oder Konsumentinnen und Konsumenten zur Kreditaufnahme bewegen. Hier funktioniert der Geldmarkt wie ein normaler Gütermarkt: Je höher die Nachfrage (nach Geld), desto höher der Preis (Zins). Je niedriger die Nachfrage, desto niedriger der Preis.

Sparen und Schulden sind also zwei Seiten einer Medaille.

Sparen bedeutet, dass ich heute auf den Konsum meiner erarbeiteten Leistung verzichte in der Hoffnung und Erwartung, in Zukunft dieses Ersparte zurückzubekommen, idealerweise zu einem höheren Wert, also mit einem Zins. Ich kann aber nur dann finanziell sparen, wenn jemand anders mein Erspartes haben möchte, um es auszugeben, sei es für Investitionen oder Konsum. Und umgekehrt: Je mehr Menschen Kredite aufnehmen möchten, desto höher wird der Zins sein, um Angebot und Nachfrage ins Gleichgewicht zu bringen.

Schulden machen Sparen möglich

Und hier liegt der fundamentale Widerspruch der deutschen Spar-Obsession und der Verteufelung von Schulden: Finanzielles Sparen ist nur durch Schulden möglich. Je stärker die Nachfrage nach dem Geld, desto höher kann der Zins sein. Und je mehr Menschen sparen, desto niedriger ist er. Der Zins schafft also ein Gleichgewicht zwischen Nachfrage und Angebot wie auf fast jedem Markt in einer Volkswirtschaft.

Dabei handelt es sich um die globale Volkswirtschaft, nicht nur um die nationale. Denn finanzielles Kapital unterliegt in Deutschland keinerlei Begrenzungen in Bezug auf Zuflüsse oder Ausschlüsse aus dem Ausland. Mehr noch, Deutschland wird nicht umsonst gern als »Sparweltmeister« bezeichnet: Nicht nur Bürgerinnen und Bürger sparen hier durchschnittlich ungewöhnlich viel. Auch unsere Unternehmen und unser Staat sparen, zusammengenommen, sehr viel.

Die Nettoersparnis der deutschen Volkswirtschaft – auch »Leistungsbilanz« genannt – hat in den letzten Jahren zwischen sechs Prozent und neun Prozent der Wirtschaftsleistung betragen. Wir als Volkswirtschaft sparen somit jedes Jahr 240 Milliarden Euro mehr, als wir für Investitionen und den Konsum ausgeben. Diese 240 Milliarden Euro exportieren wir ins Ausland, damit dort Unternehmen, Regierungen und Bürgerinnen und Bürger Kredite aufnehmen können.

Man kann sich leicht vorstellen, was passieren würde, wenn der Kapitalverkehr mit dem Ausland nicht frei wäre: Es gäbe eine noch größere Unwucht zwischen Geldangebot und -nachfrage. Der Zins müsste noch geringer sein oder noch stärker negativ, damit es genug Unternehmen und Privatmenschen gäbe, die gewillt wären, Kredite aufzunehmen. Mittelfristig würde das auch die Sparquote in Deutschland reduzieren. Die EZB könnte zwar mit der Schaffung von Zentralbankgeld diesen Prozess beeinflussen. Aber sie hat nur begrenzten Einfluss auf das Spar- und Kreditverhalten der Bürgerinnen und Bürger sowie der Unternehmen.

Gerade in Krisen wie der globalen Finanzkrise 2008/2009 und der Pandemie kommt dem Staat eine besondere Aufgabe zu. Indem er einen großen Teil dieser Überschussersparnisse als Kredite aufnimmt und in der Form von Kurzarbeitergeld, einem zusätzlichen Kinderbonus oder unterschiedlichen Hilfen für Unternehmen auszahlt, hilft er zu verhindern, dass Unternehmen pleitegehen, Menschen ihre Arbeit verlieren und somit ein permanenter wirtschaftlicher Schaden für die Volkswirtschaft entsteht. Der Staat spielt also in schwierigen Zeiten als Kreditnehmer der letzten Instanz eine wichtige stabilisierende Rolle.

Auch deshalb sind Staatsschulden in einer Krise oder Pandemie so wichtig. Sie befriedigen den Wunsch der Menschen, Ersparnisse anzulegen, und tragen gleichzeitig dazu bei, dass es auch nach der Krise noch Arbeitsplätze gibt und das Funktionieren von Unternehmen gesichert werden kann. Auch hier zeigt sich also der moralische Widerspruch: Wir können als Bürgerinnen und Bürger nicht einerseits mehr und mehr sparen wollen und andererseits die Verschuldung des Staates kritisieren und verteufeln.

Wer ist für die niedrigen Zinsen verantwortlich?

Die Zinsen für sichere Anlagen wie Staatsanleihen von Deutschland und den USA sind in den letzten fünfzig Jahren stetig gefallen. Dies gilt für die nominalen Zinsen wie auch für die realen Zinsen – also nach Abzug von Inflation, die zumindest in den vergangenen dreißig Jahren in den meisten Industrieländern recht gering und stabil war. Dabei wird von einem Gleichgewichtszins gesprochen, der Angebot und Nachfrage in einer Volkswirtschaft bei stabilen Preisen ausgleicht.

Lag der reale Gleichgewichtszins der Industrieländer in den 1970er-Jahren noch bei fast vier Prozent, war er in den vergangenen Jahren praktisch bei null Prozent, in einzelnen Phasen sogar negativ. Die Ökonomen Carl Christian von Weizsäcker und Hagen Krämer argumentieren, dass der reale Gleichgewichtszins durchaus auch längerfristig negativ sein kann. Etwa dann, wenn es Menschen und Unternehmen gibt, die gewillt sind, einen Wertverlust ihres Ersparten hinzunehmen, wenn sie im Gegenzug dafür eine hohe Sicherheit erhalten, dass das verbleibende Ersparte in Zukunft zurückgezahlt wird.

Viele Menschen sparen, um im Alter ihren Lebensstandard halten und ihre Rente aufbessern zu können. Dabei legen sie viel Wert auf Sicherheit und Liquidität. Da der Staat Einlagen auf dem Sparkonto bis zu 100 000 Euro auch bei Insolvenz der Bank absichert, sind sie bereit, einen Teil dieses Ersparten einzubüßen, wenn ihnen der Rest später mit Sicherheit zur Verfügung steht.

Aber woran liegt es, dass der Gleichgewichtszins in den letzten Jahrzehnten so deutlich gesunken ist? Dafür gibt es unterschiedliche Gründe. Zum einen ist das Wachstum der Volkswirtschaften in den reichen Ländern in den vergangenen Jahrzehnten zurückgegangen. Weniger Wachstum bedeutet, dass Unternehmen weniger investieren und Menschen weniger konsumieren.

Es gibt verschiedene Ursachen, warum Unternehmen weniger investieren wollen. Schlechte Rahmenbedingungen, also unsichere Regeln oder hohe Risiken, beispielsweise in Bezug auf Umwelt oder Politik, machen es weniger attraktiv, in neue Maschinen oder Forschung und Entwicklung zu investieren. Dadurch wird weniger Kapital nachgefragt, und der Gleichgewichtszins fällt.

Verbunden damit ist, dass die Preise für Investitionsgüter zum Teil deutlich abgenommen haben. Somit können Unternehmen gewünschte Investitionen günstiger finanzieren und brauchen weniger Kredite. Ein weiterer Grund ist, dass der Bedarf an sicheren Anlagen steigt. Das heißt, es wird immer mehr Geld für diese Anlageform – etwa sichere Anleihen von stabilen Regierungen wie Deutschland, Japan oder den USA – angeboten. Der Gleichgewichtszins fällt.

Wenn mehr Sparerinnen und Investoren riskante Anlagen in innovativen Unternehmen meiden, weil das eventuell mit Verlusten einhergehen könnte, können die Renditen und Zinsen auf riskante Anlagen im Gegenzug durchaus steigen oder hoch bleiben. Aktienmärkte oder Renditen auf hochriskante Unternehmen haben sich in den vergangenen Jahrzehnten meist recht gut entwickelt.

Bei dieser Problematik setzen die Anleihenkäufe vieler Zentralbanken auch in der Pandemie an: Durch den Ankauf von Staatsanleihen versuchen sie, das Angebot von sicheren Anleihen zu reduzieren und somit Investoren und Banken dazu zu bringen, mehr Kredite an Unternehmen und Konsumentinnen auszugeben, sodass die Wirtschaft in Gang kommt, Arbeitsplätze gesichert werden und Einkommen steigen können. Das beinhaltet Risiken – mehr dazu später –, aber das Ziel solcher Anleihenkäufe ist es nicht, den Staaten die Staatsschulden abzunehmen, sondern die Kreditvergabe an Unternehmen und Konsumenten zu verbessern, damit sich die Wirtschaft stabilisiert und die Preise stabil bleiben können.

Eine globale Sparschwemme

Weltweit versuchen immer mehr Menschen immer mehr Ersparnisse aufzubauen. Der frühere Vorsitzende der amerikanischen Notenbank, Ben Bernanke, bezeichnete das vor 15 Jahren als *global saving glut*, als »globale Ersparnisschwemme«. Vor allem durch den Eintritt Chinas in die Weltwirtschaft vor zwanzig Jahren haben sich die Ersparnisse weltweit deutlich erhöht. Denn anders als viele andere Schwellenländer verfügte China stets über hohe private Ersparnisse.

Die chinesische Regierung hat massiv Staatsanleihen der USA und Europa aufgekauft und somit zu einer wahren Sparschwemme weltweit beigetragen. Auch wenn man die genauen Zahlen nicht kennt, gibt es Vermutungen, dass die chinesische Regierung über die Zentralbank und verschiedene Fonds zeitweise Eigentümer von 15 Prozent oder mehr aller US-amerikanischen Staatsanleihen war.

Hinzu kommt die demografische Entwicklung in den meisten Industrieländern, vor allem in Deutschland. Über den Lebenszyklus hinweg betrachtet, spart der Mensch am wenigsten, wenn er Kind ist oder junger Erwachsener. Am höchsten ist die Ersparnis, wenn Menschen im mittleren Alter sind, weil sie dann die höchsten Arbeitseinkommen erzielen, manchmal erben und für ihr eigenes Alter Vorsorge treffen. Mit der Pensionierung und dem steigenden Alter sinken dann die Ersparnisse wieder, da Menschen ihre Rente durch privates Erspartes aufbessern.

Demografisch gesehen ist Deutschland zurzeit in seinen Fünfzigerjahren, also auf dem Höhepunkt seiner wirtschaftlichen Leistungsfähigkeit. Nie waren mit 45 Millionen mehr Menschen in Arbeit als in den vergangenen fünf Jahren. In den letzten zehn Jahren wurden mehr als drei Millionen Menschen erfolgreich in Arbeit gebracht. Auch das trägt zu den genannten Nettoersparnissen von mehr als 240 Milliarden Euro im Jahr bei.

Es ist aber davon auszugehen, dass sie nicht anhaltend so hoch bleiben: In den kommenden zehn Jahren wird das Land durch die Alterung der Gesellschaft mehr als vier Millionen Arbeitskräfte verlieren – wenn es diese Alterung nicht durch massive Zuwanderung aus dem Ausland kompensieren kann. Diese vier Millionen Menschen werden dann Renten erhalten und von ihren eigenen Ersparnissen leben.

In vielen anderen Ländern ist die demografische Entwicklung noch nicht so weit – außer in Japan, wo man noch ein Stück weiter ist, und Italien. Aber die meisten Industrieländer altern und wollen zunehmend Erspartes aufbauen.

Wissenschaftliche Studien zeigen, dass der Gleichgewichtszins noch deutlich stärker gefallen wäre, wenn die Regierungen der Industrieländer nicht einen so großen Anteil der privaten

Ersparnisse als Kredite aufgenommen hätten, um zu investieren, zu konsumieren oder die eigenen Sozialsysteme zu unterstützen. Rechnungen machen deutlich, dass der Gleichgewichtszins heute 1,5 Prozentpunkte niedriger liegen könnte, wenn die Staatsverschuldung in den letzten Jahrzehnten nicht zugenommen hätte.

Auch hier zeigt sich: Wir können nicht über Staatsschulden schimpfen und gleichzeitig hohe Zinsen auf unsere Ersparnisse fordern. Man soll und muss darüber streiten, wofür der Staat Schulden aufnimmt, ob dies den Wohlstand sichert und künftigen Generationen hilft oder nicht. Aber man darf das Sparen nicht moralisch überhöhen und die Schulden verteufeln. Das ist ein grundlegender Widerspruch, den wir endlich offenlegen und auflösen müssen.

Ungleichheit als wichtigste Ursache der Niedrigzinsen

Die entscheidende Ursache für den starken Fall und das niedrige Niveau der Zinsen heute ist die Zunahme der Ungleichheit von Einkommen und Vermögen in praktisch allen Ländern der Welt, vor allem den Industrieländern – so zeigen es wissenschaftliche Studien.

Ein Anstieg der Ungleichheit bei Einkommen und Vermögen reduziert den Gleichgewichtszins, da mehr Ungleichheit auch eine höhere Gesamtersparnis in einer Volkswirtschaft bedeutet. Menschen mit hohen Einkommen sparen einen relativ großen Anteil ihres zusätzlichen Einkommens. Menschen mit geringen Einkommen dagegen sparen kaum oder gar nicht. Sie können nicht. Weniger Einkommen am unteren Ende reduziert somit die Konsumnachfrage, lässt aber die Ersparnisse fast unverändert. Höhere Einkommen am oberen Ende erhöhen die Gesamtersparnisse einer Volkswirtschaft. Somit kommen Angebot und Nachfrage aus dem Lot und können nur durch fallende Zinsen wieder ins Gleichgewicht gebracht werden.

Die allermeisten Volkswirtschaften der Welt haben einen Anstieg der Ungleichheit verzeichnet. Dazu gehören selbst vergleichsweise arme Volkswirtschaften wie China, wo die Ungleichheit von Einkommen und Vermögen massiv zugenommen hat.

Wer nichts hat, kann nicht sparen

Auf die Zinsentwicklung hat steigende Ungleichheit einen weit größeren Einfluss als die Demografie und Alterung. Der zentrale Punkt ist, dass die Unterschiede der Sparquote innerhalb von Altersgruppen deutlich größer sind als zwischen Altersgruppen. So sparen in Deutschland die einkommensstärksten zehn Prozent der Bevölkerung mehr als 25 Prozent ihres monatlichen Einkommens; die einkommensschwächsten 30 Prozent dagegen sparen praktisch gar nicht. Bei den Altersgruppen ist es so, dass Menschen um die fünfzig mehr als 15 Prozent ihres Einkommens sparen, wohingegen Erwachsene mit der geringsten Sparquote, solche, die älter als 65 sind, mehr als fünf Prozent sparen.

Somit erhöht ein Anstieg der Ungleichheit, insbesondere wenn er so stark ist, wie ihn viele Industrieländer in den letzten dreißig Jahren erlebt haben, die Ersparnisse und reduziert die Zinsen stärker als die demografische Alterung.

Der Anstieg der Ungleichheit bedeutet auch, dass immer

mehr Menschen sich verschulden und Gefahr laufen, diese Schulden nicht zurückzahlen zu können. Somit steigen die Risiken und Ungleichgewichte innerhalb von Volkswirtschaften zwischen Sparern und Schuldnern. Die globale Finanzkrise 2008/2009, die in den USA ausgelöst wurde, kann in diesem Licht interpretiert werden. Viele US-Amerikaner wollten ein Eigenheim erwerben, hatten jedoch stagnierende oder abfallende Einkommen, was zu einem Anstieg der Verschuldung vieler privater Haushalte führte.

Der Versuch vieler Banken und Investoren, diese Risiken zu verschleiern und durch günstige Kredite den Hauskauf möglich zu machen, befeuerte einen Immobilienpreisboom in den USA, aber auch in vielen europäischen Ländern. Diese Blase platzte, als klar wurde, dass viele private Schuldner ihre Schulden nicht mehr bedienen konnten und viele Häuserpreise überhöht waren.

Somit führt der Anstieg der Ungleichheit weltweit also nicht nur zu geringeren Zinsen, sondern auch zu größeren Ungleichgewichten und Risiken im Finanzsystem und in der Realwirtschaft vieler Länder. Und nicht nur die private Verschuldung ist gestiegen, sondern auch die der Staaten, die versucht haben, durch Staatsausgaben in der Finanzkrise und der Pandemie Unternehmen und Bürgerinnen und Bürger finanziell zu unterstützen und die Volkswirtschaften zu stabilisieren.

Der Reflex in Deutschland, auf die Niedrigzinsen mit geringeren Staatsschulden und höheren privaten Ersparnissen reagieren zu wollen, verschärft lediglich das Dilemma der schwierigen privaten Vorsorge und der ungleichen Vermögensbildung. Das mag zwar manchem als paradox erscheinen, dürfte aber der einzig effektive Weg aus der Niedrigzinsphase sein.

Die Zinsen werden nur dann steigen können, wenn Unternehmen mehr investieren und Bürgerinnen und Bürger mehr konsumieren. Dafür müssen die Rahmenbedingungen für private Investitionen verbessert werden. Das geht nur durch höhere und bessere staatliche Investitionen und eine gute Infrastruktur. Aber die Reduzierung der Ungleichheit von Einkommen und Vermögen ist essenziell, denn diese ist quantitativ der wichtigste Grund für die fallenden Realzinsen der vergangenen Jahrzehnte und für das niedrige Zinsniveau heute.

Deutsche sparen schlecht

Jedes Jahr baut Deutschland zusätzliche Nettoersparnisse zwischen 240 und 300 Milliarden Euro auf. Das sind zwischen sechs und acht Prozent der Wirtschaftsleistung. Diese Ersparnisse fließen in die globale Wirtschaft, verschärfen die globale Sparschwemme weiter und tragen zu geringen Realzinsen bei.

International müssen wir dafür viel Kritik einstecken. Die Trump-Regierung hatte sich Deutschland, neben China und Mexiko, als dritten Gegner ausgesucht, um einen globalen Handels- und Währungskonflikt auszufechten. Trump warf Deutschland vor, den Euro absichtlich zu schwächen, um damit seinen Exporteuren einen unfairen Wettbewerbsvorteil zu verschaffen. Das ist zwar Unsinn, aber trotz einer verqueren Logik und der falschen Argumente enthält die Kritik an Deutschland auch einen wahren Kern. Unsere Nettoersparnisse sind viel zu hoch und spiegeln massive Ungleichgewichte und Probleme in der Wirtschaft wider. Demografie, Wirtschaftsstruktur und andere Faktoren können maximal einen Überschuss von drei Prozent der Wirtschaftsleistung erklären.

Das Problem der Überschüsse liegt nicht darin, dass Deutschland zu viel exportiert oder deutsche Exporteure einen Wettbewerbsvorteil haben, sondern darin, dass das Land zu wenig investiert und damit zu wenig importiert. Unsere private und öffentliche Investitionsschwäche ist also der Hauptgrund für die exzessiven Exportüberschüsse. Deshalb kann nicht stark genug betont werden, dass wir selbst den größten Schaden durch zu hohe Exportüberschüsse haben und am meisten von deren Abbau profitieren würden.

Wenn das Land nicht jedes Jahr neun Prozent seiner Wirtschaftsleistung an Kapital exportieren und an ausländische Unternehmen, Konsumenten und Regierungen verleihen würde, sondern einen Teil davon in Deutschland investieren würde, könnte das Land davon nicht nur kurzfristig profitieren, sondern auch langfristig durch ein stärkeres Wachstum und mehr Wettbewerbsfähigkeit, bessere Einkommen und mehr Wohlstand.

Die Schwächen des deutschen Finanzsystems

Genauso problematisch ist die Tatsache, dass viele deutsche Investoren und Banken ihr Geld im Ausland sehr schlecht investiert und angelegt haben. Wissenschaftliche Studien zeigen, dass in den letzten 25 Jahren die Rendite auf die im Ausland angelegten Ersparnisse häufig negativ war. Gerade in der globalen Finanzkrise und der darauf folgenden europäischen Krise haben viele Banken und Investoren Geld im Ausland verloren. Es waren deutsche Landesbanken, die vor der globalen Finanzkrise massiv in US-amerikanische Immobilienanleihen investiert hatten und damit Milliarden an Euro verloren – was dann zum Teil durch den deutschen Staat und damit den deutschen Steuerzahler ausgeglichen werden musste.

Dabei hätten in den vergangenen drei Jahrzehnten deutsche Investitionen im Ausland eigentlich hohe Renditen abwerfen müssen. Denn die Struktur ist generell so, dass ein relativ hoher Anteil deutscher Ersparnisse im Ausland in der Form von Direktinvestitionen oder Aktien liegt, wogegen deutsche Verbindlichkeiten gegenüber ausländischen Investoren vor allem in festverzinslichen Staatsanleihen sind. Die Gründe für die schlechten Investitionen deutscher Banken und Investoren sind vielfältig, darunter wohl auch die fehlende Expertise, wie das Beispiel der Landesbanken zeigt.

Aber nicht nur deutsche Finanzinvestoren legen ihr Geld im Ausland schlecht an. Auch viele Bürgerinnen und Bürger im Inland sparen schlecht und erzielen vergleichsweise niedrige Renditen. Viele halten ihre Ersparnisse als Spareinlagen oder Lebensversicherungen, die zwar sicher sind, aber auch sehr geringe Zinsen abwerfen.

Zudem besitzen nur wenige ein Eigenheim. Wenige halten Aktien. Weniger als jeder zweite Deutsche verfügt über eine selbst genutzte Immobilie. In anderen europäischen Ländern sind es 70 Prozent oder mehr. Wenig mehr als zehn Prozent halten selbst direkt oder indirekt Aktien. Zum Vergleich: Fast 50 Prozent der Amerikaner sind Aktionäre. Die Zinsen auf dem Sparkonto lagen in den letzten zehn Jahren bei nahe null Prozent. Aktien hingegen erzielten in vielen Jahren zehn Prozent oder mehr Rendite; und auch die Immobilienpreise sind in den vergangenen zehn Jahren, vor allem in den Städten, deutlich gestiegen.

Wer nichts riskiert, kann auch nichts gewinnen

Wenn die Menschen hierzulande nur einen begrenzten Teil von 20 oder 30 Prozent ihres Ersparten nicht auf dem Sparkonto, sondern in Form von Aktien gehalten hätten, hätten sie in den letzten zehn Jahren sehr wohl eine sehr gute Rendite auf ihr Erspartes erzielen können. Aber viele halten Aktien für Spekulationsobjekte und so sicher wie das Ergebnis eines Casinobesuchs.

Das ist jedoch nachweislich falsch. Aktien sind riskant, wenn man sein Geld in drei oder zwölf Monaten wieder zurückbenötigt. Sie erzielen durchschnittlich jedoch deutlich höhere Renditen als andere Anlageformen, wenn man langfristig anlegt und beispielsweise für das eigene Alter vorsorgen möchte. Über die vergangenen fünfzig Jahre haben Aktien im Schnitt jedes Jahr drei bis fünf Prozent mehr Rendite erzielt als festverzinsliche Anlagen.

Eine Mitverantwortung für die deutsche Skepsis gegenüber Aktien liegt auch bei den Banken und den negativen Erfahrungen der letzten zwanzig Jahre. Man erinnere sich zum Beispiel an die staatlich unterstützte Werbung für die Telekom-Aktie als »Volksaktie« Anfang der 2000er-Jahre. Viele Menschen mit geringen Ersparnissen hatten gehofft, der Erwerb von Anteilen eines größtenteils seriösen staatlichen Unternehmens wie der Telekom würde ihnen eine gute Rendite ermöglichen. Der Preisverfall der Aktie hat dann viele Menschen geschmerzt und sie vom Halten von Aktien insgesamt abgeschreckt.

Es hapert in Deutschland an finanzieller Bildung und genau diesem Verständnis: Jede und jeder Einzelne muss sich selbst um das eigene Ersparte kümmern und es sinnvoll anlegen. Der Staat kann und muss die Menschen beim Sparen unterstützen, indem er für sichere und seriöse Finanzinstitutionen sorgt, Transparenz schafft und auch Menschen mit geringen Einkommen finanziell beim Sparen unterstützt. Aber die Bürgerinnen und Bürger müssen Eigenverantwortung übernehmen und wie bei allen anderen Entscheidungen auch beim Sparen darauf achten, dass sie dies klug und für sich persönlich angemessen tun. Dies erfordert, dass Menschen sich informieren und beraten lassen und verstehen, dass es eine Abwägung zwischen Risiko und dem Zins gibt. Ich kann nicht einen hohen Zins auf mein Erspartes fordern und gleichzeitig davon ausgehen, dass dies ohne jegliches Risiko oder Wertschwankungen geschieht.

Das Problem heute liegt also nicht so sehr in der Tatsache, dass die Zinsen auf dem Sparkonto so niedrig sind, sondern dass viele Menschen nicht sparen können, weil ihnen die finanziellen Mittel dazu fehlen, und viele derer, die sparen können, ihr Geld schlecht anlegen.

Unabhängigkeit und Glaubwürdigkeit von Zentralbanken

Die niedrigen Zinsen sind also ein globales Phänomen und das Resultat von Ungleichheit, Demografie, geringen Investitionen, zunehmenden Risiken und einer Sparschwemme. Die Aufgabe von Zentralbanken ist, ein Gleichgewicht zwischen Kreditangebot und -nachfrage zu ermöglichen und die Risiken im Finanzsystem zu begrenzen. Nur so können Zentralbanken mittelfristig ihr Mandat der Preisstabilität erfüllen.

Dabei haben die niedrigen Zinsen durchaus signifikante Kosten und können erhebliche Risiken hervorrufen. Viele machen sich Sorgen, dass niedrige Zinsen sogenannte Zombieunternehmen schaffen, also Unternehmen, die nur durch niedrige Zinsen überleben können, aber eigentlich kein nachhaltiges Geschäftsmodell haben. Das ist möglich, aber auch schwer verifizierbar. Denn es sind häufig gerade junge, zukunftsträchtige Unternehmen, die in den ersten Jahren Verluste machen, die aber gleichzeitig wichtig für eine Volkswirtschaft sind.

Die niedrigen Zinsen stellen auch ein zunehmendes Problem für Banken und Versicherungskonzerne dar, deren Geschäftsmodell auf der Transformation von Spareinlagen hin zu Krediten beruht. Vor allem viele Sparkassen und Genossenschaftsbanken leiden darunter. Die massive Konsolidierung in der Branche ist auch diesem Umstand geschuldet – auch wenn sich darüber streiten lässt, ob eine solche Konsolidierung wünschenswert ist oder schädlich.

Die negativen Nebenwirkungen der Geldpolitik

Eine weitere Nebenwirkung der niedrigen Zinsen ist die »Blasengefahr« an Immobilien- und Aktienmärkten. Denn wenn sich das Sparkonto immer weniger lohnt, steigt die Kreditaufnahme in riskantere Anlagen, Immobilien oder Aktien. Zum Teil ist dies sicherlich gewünscht, kann aber zu Exzessen führen, bei denen es zu Übertreibungen bei den Preisen kommt, was sich dann für Sparerinnen und Sparer rächen kann, wenn solche Blasen platzen. So sind immer wieder die Aktienmärkte, beispielsweise in der globalen Finanzkrise 2008 und in der Corona-Pandemie im März 2020, eingebrochen, auch wenn sie sich dann recht schnell wieder erholt haben.

Auch besteht das Risiko, dass Staaten, Unternehmen oder Privatleute sich aufgrund der niedrigen Zinsen zu stark verschulden, was zu einer Schuldenkrise und damit verbundenen Verwerfungen führen kann. Nicht wenige Kritiker in Deutschland werfen der EZB vor, sie versuche, absichtlich die Zinsen zu drücken, um stark verschuldeten Staaten wie Italien oder Spanien diese Verschuldung zu erleichtern.

Diese Sorgen und Einwände haben teilweise ihre Berechtigung. Die niedrigen Zinsen tragen zu Ungleichgewichten und Risiken in den Finanzmärkten bei. Was die Kritiker jedoch vergessen, ist, dass es weder die Aufgabe noch das Recht der EZB ist, diese Risiken zu adressieren. Die EZB hat ein klares Mandat: Sie soll die Stabilität der Preise in der Eurozone gewährleisten und so lange mit ihrer Geldpolitik innerhalb des gegebenen Mandats handeln, bis diese Aufgabe erfüllt ist.

Es ist nicht die Aufgabe der EZB, sondern der Finanzaufsicht und der Bankenaufsicht, sicherzustellen, dass Finanzinstitutionen seriös handeln und ihre Risiken beschränken. Und es ist nicht Aufgabe der EZB, zu entscheiden, ob Unternehmen oder Regierungen zu viele oder zu geringe Schulden aufnehmen. Dies sind politische Entscheidungen, über die heftig gestritten wird.

Die Politisierung der Geldpolitik

Was ist die richtige Finanzpolitik, wofür soll der Staat Geld ausgeben? Wie viel Schulden soll ein Staat beispielsweise in der Pandemie machen dürfen?

Das sind Fragen, die für eine Zentralbank und ihre Geldpolitik wichtig sind. Sie muss eine Einordnung treffen, um zu verstehen, wie sie ihre Geldpolitik anpassen muss, um weiterhin ihr Mandat erfüllen zu können. Aber eine Zentralbank darf nie versuchen, ihre Sichtweise der Politik, den Banken oder Unternehmen aufzuzwingen. Das wäre ein Bruch ihres Mandats, das auf die Sicherstellung der Preisstabilität beschränkt ist.

Die Attacken gegen die EZB sind schädlich, denn sie gefährden drei Dimensionen der Unabhängigkeit der EZB. In einem Punkt haben die Kritiker jedoch recht: Die EZB hat in den vergangenen zehn Jahren viel mehr an Maßnahmen ergreifen müssen, als wünschenswert und in normalen Zeiten notwendig gewesen wäre, weil die nationalen Regierungen wichtige Reformen nicht umgesetzt haben.

Es wird daraus jedoch der falsche Schluss gezogen: Nicht die EZB muss ihr Verhalten ändern – dies würde ihre operationelle Unabhängigkeit gefährden –, sondern die Politik muss es. Eine Vollendung der Banken- und Kapitalmarktunion, klügere Regeln für die Finanzpolitik und Strukturreformen hätten zu einer schnelleren Erholung der Eurozone beigetragen und der EZB einen früheren Ausstieg aus ihrer expansiven Geldpolitik erlaubt.

Viele schauen zu Recht mit hoher Anerkennung auf die Bundesbank, die über fünf Jahrzehnte eine der erfolgreichsten Zentralbanken der Welt war. Sie konnte nur deshalb so erfolgreich sein, weil die deutsche Politik sich hinter sie gestellt, ihre Unabhängigkeit nicht hinterfragt und ihre geldpolitischen Entscheidungen respektiert hat. Die Politik wäre weise, wenn sie sich an diese Lehre erinnern und der EZB die gleiche Unterstützung zollen würde. Und die EZB muss sich weiter öffnen und ihre Entscheidungen besser erklären.

Fazit:

Die Zinsen fallen seit vierzig Jahren stetig – nicht nur in Deutschland, sondern in allen Industrieländern weltweit. Dies ist das Resultat eines stetig fallenden neutralen Zinses, also des Zinsniveaus, das mit der Nutzung des vollen wirtschaftlichen Potenzials vereinbar ist. Keine Bürgerin und kein Bürger kann dies verhindern. Aber jeder von uns kann klüger sparen und sollte verstehen, dass in Aktien oder Immobilien zu sparen keine Spekulation ist, sondern langfristig und ausgewogen noch immer einen Vermögensaufbau ermöglicht.

Zentralbanken verursachen keine niedrigen Zinsen, sondern die Faktoren der sogenannten säkularen Stagnation sind dafür verantwortlich: Immer mehr Menschen in immer mehr Ländern wollen Ersparnisse aufbauen, gerade in Deutschland und China. Gleichzeitig investieren private Unternehmen immer weniger. Die dadurch enstandene Sparschwemme ist verantwortlich für den Verfall der Zinsen, gerade bei uns in Deutschland.

Die Alterung vieler Gesellschaften, eine hohe Risikoaversion, eine zunehmende Sparpräferenz und ein geringeres Wachstum tragen zu dieser Sparsschwemme bei. Der wichtigste Grund für den Verfall der Zinsen ist jedoch die zunehmende Ungleichheit von Einkommen und Vermögen weltweit. Sie reduziert den privaten Konsum und private Investitionen und erhöht die gesamtwirtschaftlichen Ersparnisse.

Es ist Aufgabe der Finanzpolitik, nicht der Geldpolitik, sich dieser Entwicklung entgegenzustellen und öffentliche und private Investitionen anzustoßen, um die Sparschwemme zu reduzieren, Wohlstand zu sichern und somit einen Anstieg der Zinsen zu ermöglichen.

Die Jahrhundertherausforderungen des Klimaschutzes und der digitalen Transformation, gekoppelt mit niedrigen Zinsen, stellen heute eine riesige Chance da, diesen Trend der fallenden Zinsen und steigender Ungleichheit zu stoppen und umzudrehen.

5.

DIE ANGST VOR DER INFLATION

»Preisschock: Mega-Inflation von 4,1 Prozent frisst unser Geld auf«, titelt die *Bild*-Zeitung am 1. Oktober 2021. Der Anstieg der Inflation im Herbst 2021 auf über fünf Prozent löst Empörung und Angst aus. Sparerinnen und Sparer würden »enteignet«, ist zu lesen. Schon länger erhalten sie auf ihren Konten keine Zinsen mehr, aber nun droht das Ersparte durch eine davongaloppierende Inflation auch noch an Wert zu verlieren. Krisenpropheten sagen eine hohe Inflation für viele Jahre voraus. Vergleiche zu den 1920er-Jahren mit Weltwirtschaftskrise und Aufstieg der Nationalsozialisten werden heraufbeschworen.

Dieses Narrativ der Inflation ist populistisch, falsch und schädlich. Verantwortliche in Politik und Medien, die diese Behauptungen aufstellen und Ängste schüren, sollten es besser wissen. Natürlich kann niemand durch eine Glaskugel in die Zukunft schauen oder die Möglichkeit einer erhöhten Inflation ausschließen. Aber eine Wiederholung der 1920er- oder 1970er-Jahre ist nach allen Zahlen und Fakten, die wir kennen, sehr unwahrscheinlich. Daher liegt die Vermutung nahe, dass hier bewusst Ängste und Sorgen geschürt werden, um politische oder wirtschaftliche Ziele zu erreichen.

In keinem anderen Land in Europa gibt es eine solche Panikmache. Und in keinem anderen Land ist sie so ungerechtfertigt. Denn fast kein anderes Land der Welt konnte über so lange Zeit eine so stabile Währung, so stabile Preise und eine so geringe Inflation genießen wie Deutschland – und zwar nicht nur in den vergangenen siebzig Jahren, sondern auch seit der Euro-Einführung 1999.

Wie kann es sein, dass die Menschen in unserem Land trotz des Erfolgs der starken und stabilen D-Mark und später des Euro so viel Angst vor einer Inflation haben?

Dieses Kapitel soll die Frage nach dem Ursprung dieser Sorge beantworten und will auch einen Blick in die Zukunft wagen, wie sich die Inflation entwickeln könnte. Denn der demografische Wandel, eine stärkere Verschuldung, der Klimawandel und eine mögliche Deglobalisierung könnten Bedrohungen darstellen, die die Inflation dauerhaft erhöhen. Aber wie gerechtfertigt ist unsere Sorge?

Die gefühlte Inflation

Eine Frage an Sie: Wissen Sie, wie hoch die jährliche Inflation in Deutschland heute ist – und wie hoch sie im September 2020 war? In einer repräsentativen Umfrage schätzen die Befragten die Inflation im Herbst 2020 durchschnittlich auf 5,4 Prozent. In Wirklichkeit waren die Konsumentenpreise in diesem Zeitraum jedoch gefallen – die Inflationsentwicklung war negativ. Die Menschen haben die Inflation also massiv überschätzt. Sie haben eine Inflation gesehen, wo gar keine war, denn die Preise sind – zumindest im Durchschnitt – nicht gestiegen, sondern gefallen.

Diese starke Überschätzung der Inflation ist kein Einzelphänomen aus dem Herbst 2020, sondern dauerhaft zu beobachten. Daten der Europäischen Kommission zeigen, dass die gefühlte Inflation in Deutschland fast ständig circa fünf Prozentpunkte höher liegt als die wirkliche Inflation.

Dieser Effekt tritt hierzulande offenbar besonders ausgeprägt zutage, kommt aber überall auf der Welt vor. Was erklärt diese systematische Überschätzung der Inflation? Sie ist auf ein in der Psychologie und Verhaltensökonomie bekanntes Phänomen zurückzuführen, das von dem Wirtschaftsnobelpreisträger Daniel Kahneman und seinem Co-Autor Amos Tversky zuerst erkannt und analysiert wurde: Menschen nehmen vor allem Dinge, die sich verändern, besonders stark wahr und geben diesen Veränderungen, häufig unbewusst, ein höheres Gewicht, als es eigentlich angemessen wäre.

Die verzerrte Wahrnehmung

Das schafft nicht selten völlig verzerrte und grundlegend falsche Einschätzungen gegenüber der Realität. Viele Menschen sind jedoch so überzeugt von der Richtigkeit, dass sie mit Widerspruch und nicht selten auch Aggression reagieren, wenn man sie mit den tatsächlichen Zahlen und Fakten zur Inflation konfrontiert.

Dazu kommt, dass Veränderungen bei Gütern des täglichen Bedarfs sehr viel stärker auffallen. In unserem täglichen Leben nehmen wir eine Preiserhöhung des Liters Milch um 0,20 Euro sehr deutlich war. Die Preissenkung der Stereoanlage fällt uns jedoch weit weniger auf, weil wir deutlich seltener eine kaufen und die exakten Preise auch oft gar nicht kennen. Zudem verfangen negative Nachrichten, also Preissteigerungen, deutlich besser als gute Nachrichten wie Preissenkungen. Es liegt näher, sich über den höheren Preis für den Cappuccino im Café zu empören, als sich über den günstigeren Preis der Jeans zu freuen.

Bewusst oder unbewusst suchen wir Vergleiche, um Preise einzuordnen. Häufig liegt der Vergleichswert in der Vergangenheit: Wir erinnern uns gern an die Zeit, als die Kugel Eis noch 30 Pfennige oder die Zugfahrt ein paar Mark kostete. Auch dieser Vergleich, dieser Versuch der Einordnung, führt bei vielen zu dem Gefühl, die meisten Dinge des täglichen Lebens seien viel teurer geworden.

Das Gesamtresultat ist eine deutliche Überschätzung der wirklichen Inflation. Besonders stark war dieser Effekt während der Umstellung von der D-Mark auf den Euro nach dem 1. Januar 2002. Der Umrechnungskurs von 1,95 DM zu einem Euro bedeutete zwar, dass die nominalen Preise in Euro deutlich geringer waren als vorher. Aber viele kalkulierten in ihrem Kopf weiterhin in D-Mark – manche Menschen tun das sogar zwanzig Jahre später noch – und stellten sehr schnell fest, dass bei einigen Produkten die Preise deutlich erhöht wurden.

Sie nahmen jedoch nicht wahr, dass sich große Ausgaben im täglichen Leben, wie zum Beispiel die Miete, durch die Umrechnung ganz und gar nicht verändert hatten. Gefühlt war die Inflation durch die Einführung des Euro enorm. Einige Monate nach der Einführung des Euro lag sie »gefühlt« – auch mit oder wegen der »Teuro«-Kampagne der *Bild*-Zeitung – nahe zehn Prozent.

Diese verzerrte Wahrnehmung ist jedoch kein exklusives Phänomen der Deutschen. Überall auf der Welt kämpfen Menschen mit solchen psychologisch erklärbaren Wahrnehmungsverzerrungen. Trotzdem ist gerade in Deutschland die Empörung über eine hohe Inflation besonders groß – und die Angst vor den Folgen massiv.

Es ist wichtig, diese Ängste und Sorgen zu verstehen und auf sie einzugehen. Nicht nur, um den Menschen ein besseres Abbild der Realität und damit mehr Sicherheit zu geben; sondern auch, weil Ängste – so unbegründet sie auch sein mögen – und die damit verbundenen Erwartungen sich verstetigen, das Verhalten der Menschen beeinflussen und zu »selbst erfüllenden Erwartungen« werden können.

Wenn Menschen davon überzeugt sind, dass die Inflation hoch ist – selbst wenn sie es nachweisbar nicht ist –, dann ändern viele ihr Verhalten. Einige mögen weniger sparen, andere werden anders sparen. Die Löhne könnten stärker steigen, um eine vermeintlich höhere Inflation zu kompensieren. Auch Unternehmen werden ihr Verhalten verändern und vorbeugend die Preise erhöhen, wenn sie einen Anstieg der Kosten erwarten. Somit kann eine gefühlt hohe Inflation eine tatsächlich hohe Inflation nach sich ziehen. Kurzum: Die Inflationsangst und gefühlte Inflation haben reale Konsequenzen für Wirtschaft und Gesellschaft.

Alan Greenspan und Janet Yellen, die früher an der Spitze der US-Notenbank standen, beschrieben die Hauptaufgabe von Zentralbanken deshalb als *the art of managing expectations* – »die Kunst, Erwartungen zu steuern«. Der Erfolg einer Zentralbank, die Preise stabil zu halten, hängt ganz entscheidend von der Frage ab, ob sie die Erwartungen der Menschen und Unternehmen so steuern kann, dass sie mit dem Ziel der Preisstabilität konsistent sind. Deswegen sind Populisten, die die beschriebene Inflationsillusion schüren und befeuern, so gefährlich. Sie richten realen Schaden an, indem sie falsche Wahrnehmungen befördern und dadurch mit verursachen, wovor sie vermeintlich warnen wollen.

Deshalb müssen wir die Inflation genau beobachten und ausgewogen und sachlich über sie berichten. Entwicklungen müssen erklärt und verständlich gemacht werden, damit die Inflation nicht zum Spielball von Eigeninteressen gemacht werden kann. Denn sie hat – auch das werden wir zeigen – sehr starke Auswirkungen auf unsere Gesellschaft, Ungleichheit und Vermögen.

Kosten von Inflation und Deflation

Ist denn Inflation wirklich so schädlich? Und wenn ja: für wen, wann und warum? Und ist Deflation, sind also fallende Preise nicht noch gefährlicher? Zu häufig wird der Begriff »Inflation« zu inflationär, zu sorglos und falsch benutzt. Es ist wichtig, genau zu definieren, was wir mit Inflation meinen, damit wir nicht aneinander vorbeireden.

Ein Grund für die »gefühlt zu hohe« Inflation ist – neben der oben beschriebenen Inflations-Illusion –, dass Menschen den Begriff für sich persönlich anders definieren, als es üblicherweise in den offiziellen Statistiken getan wird. Was die offiziellen Zahlen messen, ist die Veränderung von Konsumentenpreisen. Das Statistische Bundesamt stellt dafür einen repräsentativen Warenkorb zusammen. Die Preise dieser Waren werden dann regelmäßig gemessen und verglichen. Die Inflationsstatistik soll die durchschnittliche Preisveränderung aller an die Konsumentinnen und Konsumenten verkauften Güter und Dienstleistungen innerhalb eines Monats messen.

Das bedeutet, dass die Inflationszahl lediglich eine Durchschnittsgröße ist. Jeder Mensch begegnet in seinem persönlichen Konsumverhalten also einer etwas anderen Inflation (mehr zu diesen Verteilungswirkungen später). Betont werden muss aber auch, was nicht in der Messung enthalten ist: Vermögenswerte wie Immobilien oder Aktien zählen nicht zur üblichen Definition von Inflation.

Einige reden umgangssprachlich von einer hohen Inflation, wenn die Geldmenge stark steigt. Aber das ist nicht korrekt, denn eine steigende Geldmenge, sei es Bargeld oder eine breitere Definition, die auch Einlagen umfasst, bedeutet nicht zwingendermaßen, dass die Preise für Konsumentinnen und Konsumenten ansteigen. Letzteres war bis in die 1980er-Jahre die wissenschaftliche Überzeugung einer ökonomischen Denkschule, der Monetaristen unter Milton Friedman.

Zwar gibt es eine gewisse Korrelation zwischen der Geldmenge und der Inflation. Sie ist aber so schwach und häufig gegenläufig, dass viele wissenschaftliche Studien mittlerweile zeigen, dass die Geldmenge eben keine Grundlage für auch nur annähernd aussagekräftige Prognosen für eine künftige Inflation ist.

Die Begrenzung der Definition von Inflation auf Konsumgüter ist sinnvoll, denn sie soll messen, wie Menschen unmittelbar in ihrem Leben durch Preisentwicklungen betroffen sind, ob ihnen »mehr oder weniger Geld im Portemonnaie« bleibt durch das, was sie im Supermarkt, im Geschäft oder online für ihren »normalen« Lebensunterhalt bezahlen müssen. Ein Anstieg der Geldmenge oder ein höherer Aktienkurs haben unmittelbar erst einmal keine Konsequenzen für das tägliche Leben. Daher ist der Begriff der Inflation zu Recht auf Güter und Dienstleistungen des täglichen Konsums beschränkt.

Was ist Preisstabilität?

Erklären muss man den Begriff der »stabilen Preise«. Preisstabilität wird von praktisch allen Zentralbanken der Industrieländer als eine jährliche Preissteigerung von zwei Prozent definiert. Aber ist das nicht widersprüchlich, bleiben Preise nicht dann stabil, wenn die Inflation 0,0 Prozent beträgt? Die Hauptursache für die Definition eines Preiswachstums von zwei Prozent als Preisstabilität liegt im Messfehler von Preisen, durch den das Wachstum überschätzt wird.

Da ist zum einen die Verbesserung der Qualität: Wenn eine Konsumentin heute einen Flachbildfernseher kauft, dann mag sie zwar zehn Prozent mehr Geld dafür ausgeben als für den Fernseher vor zehn Jahren. Trotzdem beträgt das Preiswachstum des Geräts nicht zehn Prozent, denn die Qualität ist deutlich besser als die des Produkts vor zehn Jahren. Sie mag sich so stark verbessert haben, dass man eigentlich sogar von einer Preissenkung sprechen müsste, wenn man denn die Qualität vergleichen könnte. Das kann man jedoch nicht, weil der Fernseher von vor zehn Jahren heute gar nicht mehr hergestellt wird.

Zum anderen werden die Güter und Dienstleistungen im repräsentativen Warenkorb, die günstiger werden, tendenziell zu gering gewichtet. Expertinnen und Experten schätzen, dass der durch diese beiden verursachte Messfehler die Inflation um 1,5 oder zwei Prozentpunkte überschätzt.

Wenn aber zwei Prozent Inflation für Stabilität stehen – ab wann wird Inflation dann schädlich und warum überhaupt? Warum ist eine hohe Inflation von beispielsweise zehn Prozent im Jahr wirtschaftlich und sozial schädlich?

Die Gründe sind vielfältig: Bei einer so starken Inflation können Unternehmen schlecht planen. Zwar bedeutet eine hohe Inflation, dass die Unternehmen auch mehr Geld für die eigenen Produkte nehmen können. Sie müssen jedoch auch mehr für Vorleistungen und die Löhne der Mitarbeitenden zahlen. Das macht es sehr schwer, zu kalkulieren und zu planen. Das Risiko, dass der Preis von Vorleistungen und Löhnen noch stärker steigen könnte als der für die eigenen Produkte, ist erheblich. Unternehmen könnten dadurch in finanzielle Bedrängnis kommen.

Das Resultat ist, dass Unternehmen weniger investieren und damit weniger Arbeitsplätze schaffen. Außerdem wollen Unternehmen und Finanzinstitutionen für dieses Inflationsrisiko kompensiert werden, wodurch auch die Kreditvergabe und Finanzierung von Projekten deutlich teurer werden.

Das führt zu mehr Arbeitslosigkeit und weniger wirtschaftlicher Dynamik. Hinzu kommt das erhöhte Risiko für Sparende, die befürchten müssen, dass ihr Erspartes durch eine hohe Inflation an Wert verliert. Sie werden daher langfristig tendenziell weniger sparen, was wiederum Kredite für Unternehmen, aber auch für Konsumenten teurer macht. Wenn sich die Erwartung einer dauerhaft höheren Inflation einmal verfestigt hat, wird es schwierig, das Niveau der Inflation wieder auf ein gesundes Maß zu senken. Das war die Erfahrung vieler Länder, allen voran der USA in den 1970er- und Anfang der 1980er-Jahre, wie im Folgenden detailliert beschrieben werden soll.

Der Schaden der Deflation

Was viele jedoch vergessen, ist, dass eine Deflation, also fallende Preise, wirtschaftlich und sozial deutlich problematischer sein kann als eine zu hohe Inflation. Fallen die Preise, klingt das für uns aus Konsumenten-Perspektive erst einmal wundervoll: Wir können uns mit unserem Einkommen mehr leisten, unser Lebensstandard steigt. Aber das ist eine Illusion, denn letztlich treffen fallende Preise Arbeitnehmerinnen und Arbeitnehmer meist sehr hart.

Wenn Preise fallen, da die Nachfrage nach Gütern und Dienstleistungen sinkt, kommen Unternehmen in Schwierigkeiten. Denn die Preise für Vorleistungen, vor allem Löhne, sinken nicht, und damit laufen Unternehmen Gefahr, Verluste zu machen, was zu Arbeitsplatzverlusten und schlimmstenfalls zu Insolvenzen führt.

Außerdem müssen die meisten Unternehmen, um am Markt Bestand zu haben, von Zeit zu Zeit investieren. Zumeist finanzieren sie das über Schulden. Wenn Unternehmen aber fixe Zinsen auf ihre Kredite zahlen, ihre Einnahmen jedoch schrumpfen, dann wird es immer schwieriger für sie, diese Schulden zu bedienen oder neue Kredite zu erhalten.

Nach dem berühmten amerikanischen Ökonomen Irvin Fisher wird dieser Mechanismus »Schulden-Deflation« genannt. Im schlimmsten Fall kann dabei eine gesamte Volkswirtschaft in einer Spirale von steigenden Schulden und fallenden Preisen in eine tiefe Wirtschaftskrise geraten. So geschah es zwischen 1929 und 1933 in Teilen der Welt, was hierzulande entscheidend zum Aufstieg der Nazis beigetragen hat.

Eine solche Deflation ist wirtschaftlich und sozial in der Regel deutlich schädlicher als eine zu hohe Inflation. Vor allem aber ist es für Zentralbanken sehr viel schwieriger, eine Deflation zu stoppen. Sie können die Zinsen nicht weit unter die Nullgrenze absenken. Bei einer zu hohen Inflation gibt es hingegen keine Grenze für Zinserhöhungen.

Nun mögen gut informierte Leserinnen oder Leser hier anmerken, dass Deflation nicht immer schädlich sein muss und es beispielsweise am Ende des 19. Jahrhunderts in Teilen Europas fallende Preise bei gleichzeitig hohem Wirtschaftswachstum gab. Innovation und ein Produktivitätsschub führten damals zu günstigeren Preisen *und* zu mehr Wachstum.

Das ist richtig, es gibt solche Ausnahmen, aber in den meisten Fällen in der Geschichte war und ist eine Deflation schädlich und gefährlich. Niemand würde wohl von den letzten fünf Jahren und vor allem der ersten Zeit der Pandemie, als Preise zu schwach wuchsen oder die Deflation sich festgesetzt hatte, als einer Zeit von hoher Produktivität und eines positiven Angebotsschocks sprechen.

Auch deshalb haben prominente Ökonomen wie der frühere Chefvolkswirt des Internationalen Währungsfonds (IWF), Olivier Blanchard, 2021 vorgeschlagen, dass Zentralbanken sich ein Inflationsziel von vier Prozent setzen. Einerseits wäre das für Sparer, Beschäftigte und Unternehmen nicht wesentlich schlechter als eine Inflation von zwei Prozent. Es gäbe Zentralbanken in Krisenzeiten jedoch deutlich mehr Spielraum, Zinsen zu senken und somit eine Deflation und Wirtschaftskrise zu vermeiden.

Es gilt daher heute mehr denn je: Deflation ist ein deutlich größeres Risiko als eine zu hohe Inflation. Und auch die erhöhten Inflationszahlen von drei Prozent, vier Prozent oder gar fünf Prozent sind wirtschaftlich nicht schädlich, vor allem nicht, wenn sie temporär sind. Es gibt also überhaupt keinen Grund für das Hyperventilieren derjenigen in Politik und Medien, die bei einer Inflationsrate von vier Prozent von »Mega-Inflation« oder »Enteignung« sprechen.

Das Trauma der Hyperinflation und der Aufstieg der Nazis

Woher kommt die deutsche Angst vor einer Inflation? Warum fürchten wir uns so viel mehr als unsere europäischen Nachbarn, obwohl die Inflation in Deutschland in den letzten siebzig Jahren nie eine ernsthafte Bedrohung war? Und wer profitiert davon oder schürt diese Ängste?

Die Hyperinflation in den Jahren 1922 und 1923 scheint sich wie wenige Ereignisse der deutschen Geschichte in das kollektive Gedächtnis eingebrannt zu haben. Die Erzählungen aus dieser Zeit sind zum Teil atemberaubend: Die jährliche Inflation betrug zeitweise mehrere Millionen Prozent. Das bedeutete, dass sich Preise innerhalb weniger Tage verdoppeln konnten. Arbeiter liefen sofort nach Dienstschluss und Erhalt ihres täglichen Lohns los, um das erhaltene Geld in Waren umzutauschen. Familien machten sich mit Schubkarren voll Bargeld auf den Weg, um Nahrungsmittel zu kaufen. In mancher Folklore ist die Rede vom Beamten, der zu einem bestimmten Preis ein Bier in der Kneipe bestellt und nach dem Austrinken einen hören Preis bezahlen muss, da in der Zwischenzeit die Inflation zugeschlagen hat.

Das Bild dieser kurzen Phase der Hyperinflation zeigt Chaos und Kontrollverlust in einer gespaltenen und leidenden Bevölkerung nur wenige Jahre nach Ende des Ersten Weltkriegs. Es gibt viel Literatur über diese dramatische Zeit, faszinierende Beiträge, etwa von den Historikern Carl-Ludwig Holtfrerich oder Knut Borchardt. Und auch der Journalist Mark Schieritz veröffentlichte 2013 ein exzellentes Buch zu den deutschen Inflationsängsten. Alle zeigen, wie schwierig diese Zeit war und wie groß die Entbehrungen großer Teile der Bevölkerung. Hinzu kamen die Scham über den verlorenen Weltkrieg sowie die als Demütigung empfundenen Reparationszahlungen an die Siegermächte.

Deflation und die Weltwirtschaftskrise als Ursachen für den Aufstieg der Nazis

Viele Menschen in Deutschland wissen von dieser Zeit der Hyperinflation oder haben zumindest davon gehört. Im Detail können sie nicht viel damit verbinden, aber die Tatsache, dass es Zeiten von hoher Inflation in Deutschland gab, scheint den meisten bekannt. So dramatisch und traumatisch diese Zeit auch gewesen sein mag, so ist es in vielerlei Hinsicht erstaunlich, warum sich diese relativ kurze und fast hundert Jahre zurückliegende Episode von zwei Jahren so tief in das kollektive Gedächtnis gegraben hat.

Kaum jemand hat diese Zeit noch selbst miterlebt. Die ganz wenigen, die damals schon geboren waren, haben wohl kaum eine Erinnerung an die wirtschaftlichen Umstände. Einigen erzählten die Eltern oder Großeltern von dieser Zeit oder zeigten ihnen Bilder der Schubkarren voller Geldscheine. Diese Erzählungen waren sicherlich eindrücklich, aber sie verklären das Bild auf das, was damals wirklich passierte. Diese Zeit war, wie gesagt, relativ kurz. Und nach der Währungsreform und der Umstellung auf die Reichsmark 1923 wurde sie von einem Wirtschaftsboom abgelöst, der stark steigende Beschäftigung, Löhne und Einkommen nach sich zog.

Noch heute reden wir von den »Goldenen Zwanzigerjahren« und meinen genau die Jahre mit und nach der Hyperinflation.

Zumindest wirtschaftlich und sozial waren es für die große Mehrheit der Menschen gute Jahre. Es entwickelte sich eine Blütezeit für Kunst, Kultur und Wissenschaft. Auch die internationalen Beziehungen verbesserten sich, gerade auch zu Frankreich. Die Weimarer Republik trat 1926 dem Völkerbund bei und war auf einem guten Weg, sich international zu rehabilitieren. Kurzum, die Hyperinflation hat damals einen vergleichsweise geringen materiellen Schaden verursacht.

Aber war nicht die Hyperinflation ein unmittelbarer Auslöser für den Aufstieg der Nazis und des »Dritten Reichs«?

Diese Erzählung ist ein Mythos. Fakt ist, dass nicht die Hyperinflation, sondern die Weltwirtschaftskrise und die damit verbundene Deflation zwischen 1929 und 1933 eine sehr viel gewichtigere Ursache für den Wahlerfolg und den Aufstieg der Nazis war. Mit dem weltweiten Einbruch der Aktienmärkte im Jahr 1929 begann auch hierzulande eine tiefe wirtschaftliche Depression. Unternehmen kamen immer schwerer an Kredite. Zinsen und Verschuldung schossen durch die Decke, und Unternehmen gingen massenweise pleite.

Hinzu kamen in den meisten Industrieländern, allen voran in der Weimarer Republik, katastrophale Fehler in der Geld- und Wirtschaftspolitik. Denn anstatt die Zinsen zu senken und den Banken mehr Liquidität bereitzustellen, erhöhten die Zentralbanken die Zinsen und verknappten damit das Kreditangebot. Die Regierungen unterließen es, die Staatsausgaben und Staatsverschuldung zu erhöhen, um Nachfrage zu generieren und die Wirtschaft zu stabilisieren. Stattdessen verfolgten sie einen Kurs der Austerität, einen Sparkurs mit Kürzungen von Ausgaben und Sozialleistungen.

Die damalige Regierung instrumentalisierte die Inflationsangst der Deutschen für ihre restriktive Finanz- und Geldpolitik. Reichskanzler Heinrich Brüning schürte die Angst vor steigenden Preisen, um einen harten Sparkurs zu verfolgen. Er argumentierte, eine erhöhte Inflation sei das unweigerliche Resultat, wenn die Regierung nicht die Ausgaben kürze und einen Anstieg der Staatsschulden vermeide.

Als Anmerkung: Es ist erstaunlich, wie sehr sich die Narrative rund um Inflation und Schulden von 1930 und heute ähneln. Mitten in einer tiefen wirtschaftlichen Krise mit ungewissem Ausgang – damals die Weltwirtschaftskrise, heute die Corona-Pandemie – wird uns eingeredet, Inflation und Schulden sollten unsere größten Sorgen sein und nur ein rigoroser Sparkurs und ein schneller Schuldenabbau könnten aus der Krise führen.

Natürlich lassen sich diese beiden Episoden in vielerlei Hinsicht überhaupt nicht vergleichen. Aber die wirtschaftspolitische Überzeugung ist bei manchen heute noch die gleiche wie damals. Und das, obwohl es überhaupt keinen Zweifel mehr gibt, dass die Politik unter Reichskanzler Brüning katastrophal war und erheblich zur wirtschaftlichen Depression beigetragen hat.

Das Resultat seines Sparkurses war eine Explosion der Arbeitslosigkeit. Über fünf Millionen Menschen waren ohne Lohn und Brot, noch viel mehr mussten empfindliche Kürzungen ihrer Einkommen hinnehmen. Die Botschaften der Nazis fielen in dieser wirtschaftlichen Not und sozialen Verzweiflung bei allzu vielen Menschen auf fruchtbaren Boden.

Es gab aber noch eine weitere dramatische Inflationserfahrung im 20. Jahrhundert in Deutschland: die Währungsreform im Juni 1948. Die Knappheit selbst von Nahrungsmitteln und Dingen der Grundversorgung nach dem Zweiten Weltkrieg trieb die Preise in die Höhe und führte zu verschiedenen Parallelwährungen. Waren wurden getauscht oder in eine »Zigarettenwährung« umgerechnet, bei der der Wert von Dingen in der Anzahl von Zigaretten gemessen und Zigaretten als Medium des Austausches von vielen akzeptiert wurden.

Die Einführung der D-Mark durch die Bank deutscher Länder am 21. Juni 1948 wurde vorher streng geheim gehalten. Die Einführung war ein riesiger Erfolg, die Preise stabilisierten sich, und das Angebot verbesserte sich schnell. Obwohl sehr viel mehr Menschen heute noch Erinnerungen an diese Zeit haben, scheint sie als deutlich weniger dramatisch empfunden zu werden als die erfahrene Hyperinflation 1923. Historiker spekulieren über die Gründe. Eine Vermutung ist, dass die Währungsreform 1948 im Vergleich zum Trauma des Zweiten Weltkriegs nur einen vergleichsweise kleinen Einschnitt bedeutete.

Woher kommen die Inflationsängste?

Bemerkenswert ist das kollektive Gedächtnis hinsichtlich der Hyperinflation – und die damit verbundenen Inflationsängste – also, weil sie so weit zurückliegt, so kurz war und auch wirtschaftlich und sozial gesehen einen relativ geringen und auch nur kurzzeitigen Schaden angerichtet hat. Bemerkenswert ist es jedoch auch, weil es seit 1949 fast kein Land der Welt geschafft hat, eine so geringe Inflation und so stabile Preise zu haben wie Deutschland. Es war der große Erfolg der Deutschen Bundesbank, die 1957 die Bank deutscher Länder ablöste und von der Politik ein hohes Maß an Unabhängigkeit erhielt, dass sie eine enorm erfolgreiche und glaubwürdige Geldpolitik umsetzte.

Es gibt also keinen »rationalen« Grund für die Inflationsängste. Das heißt jedoch nicht, dass wir diese Ängste nicht ernst nehmen müssten oder sie ignorieren sollten. Ganz im Gegenteil.

Bevor ich im weiteren Verlauf dieses Kapitels zu möglichen Optionen komme, was die Politik tun kann, um diese Sorgen und Ängste zu adressieren, ist es wichtig, zu verstehen, woher sie wirklich kommen und wer ein Interesse daran hat, sie zu schüren und immer wieder anzuheizen.

Häufig wird kolportiert, Inflation schade vor allem Menschen mit den geringsten Einkommen, den Arbeitnehmerinnen und Arbeitnehmern, die sich nicht dagegen absichern können und ihr geringes Hab und Gut dadurch verlören. Auch wenn eine solche Verteilungswirkung für manche Zeiten zutreffen mag, ist es doch wichtig, zu unterstreichen, dass es vor allem die Wohlhabenden und mächtigen Interessengruppen waren, die unter der Hyperinflation von 1923 gelitten haben.

Eine Reihe von Historikern zeigt, dass vor allem die Reichen und die Oberschicht durch die Hyperinflation in den 1920er-Jahren einen großen Teil ihres Vermögens verloren. Denn sie hatten damals einen großen Teil ihres Vermögens in Direkthypotheken und Anleihen des Staates gehalten. Diese waren im Zuge der Währungsreform 1923 praktisch wertlos geworden. Auch Beamte und Kaufleute gehörten als Teile der oberen Mittelschicht zu den großen Verlierern der Hyperinflation, als ihr Vermögen auf Sparbüchern rasant an Wert verlor.

Dagegen gehörten viele Menschen auf dem Land, vor allem die bäuerliche Mittelschicht, eher zu den Gewinnern. Viele Bauern hatten sich damals verschulden müssen, um notwendige Investitionen zu finanzieren. Die hohe Inflation erodierte die Schuldenlast und machte die Landwirte innerhalb weniger Jahre praktisch schuldenfrei.

Auch die Arbeitnehmerinnen und Arbeitnehmer waren kaum negativ betroffen. Ihre Löhne waren größtenteils an die Inflation indexiert, was bedeutete, dass sie mit der Inflation anstiegen.

Zwar mussten sie versuchen, ihr Bargeld in kurzer Zeit in Naturalien umzutauschen, um sich gegen einen Wertverlust zu schützen. Aber da die meisten kaum Ersparnisse auf dem Sparbuch hatten, war der darüber hinausgehende finanzielle Schaden für sie gering. Auch die Arbeitslosigkeit war in der Zeit der Hyperinflation nicht außergewöhnlich groß und ist auch nicht deutlich gestiegen – ganz anders als während der Depression und Deflation 1929 bis 1933.

Wer hat Interesse daran, Inflationsängste zu schüren?

All das bedeutet, dass die Hyperinflation von 1923 und zu einem geringeren Maße die Währungsreform 1948 zu einer Umverteilung von oben nach unten geführt haben. Sie haben den Reichen und Mächtigen besonders geschadet. Also stimmt auch das Narrativ nicht, der Schutz vor hoher Inflation nütze vor allem der kleinen Frau und dem kleinen Mann. Vielmehr hat die Verhinderung von Inflation historisch vor allem den Interessen von Politik und Oberschicht gedient.

Glaubt man den Historikern, dann hat sich die Hyperinflation von 1923 so stark in das kollektive Gedächtnis von uns Deutschen gefressen, weil mächtige Interessengruppen damals besonders darunter gelitten und ein Eigeninteresse daran haben, dieses Narrativ am Leben zu erhalten und zu mystifizieren, um selbst eine leicht erhöhte Inflation zu verhindern.

Auch heute gibt es diese Interessen und das Bestreben, das Narrativ einer bedrohlichen Inflation immer wieder zu forcieren. Da sind zum einen die Unternehmen, für die eine nationale Inflation eine Bedrohung ihrer internationalen Wettbewerbsfähigkeit ist. Wenn die Preise in Deutschland sehr viel stärker steigen, werden auch die Löhne und andere Vorleistungen teurer werden. So werden Produkte aus Deutschland im internationalen Vergleich teurer und weniger attraktiv. Da sich der Wechselkurs bei einer solchen Entwicklung seit der Einführung des Euro nicht so leicht abschwächen kann, um höhere Kosten durch eine schwächere Währung auszugleichen, ist das durchaus ein verständliches Anliegen.

Nun muss man aber ehrlich eingestehen, dass deutsche Unternehmen seit der Einführung des Euro 1999 sehr stark von einer in Deutschland meist geringeren Inflation als in anderen europäischen Ländern profitiert haben. Denn damit sind die Kosten für Unternehmen, vor allem die Lohnstückkosten, hierzulande deutlich weniger stark gestiegen als anderswo in Europa oder der Welt. Der Euro und eine in Deutschland relativ geringe Inflation haben in den vergangenen beiden Jahrzehnten also zu einem erheblichen Wettbewerbsvorteil deutscher Unternehmen geführt.

Sie haben somit entscheidend zum Erfolg der deutschen Exporte seit dem Jahr 1999 beigetragen. Dieser Vorteil für Deutschland ist lange so signifikant gewesen, dass viele unserer Nachbarn der deutschen Politik Protektionismus und Merkantilismus vorgeworfen haben. Sie kritisierten also, dass Politik und Unternehmen in Deutschland versuchten, Löhne und Kosten gering zu halten, um sich einen Wettbewerbsvorteil zu verschaffen. An diesem Vorwurf ist sicherlich nicht alles richtig, aber er enthält einen Kern an Wahrheit.

Bemerkenswert ist auch, dass der Experten-Diskurs über Inflation und Geldpolitik in Deutschland sehr anders verläuft als der internationale. Der deutsche Diskurs ist generell sehr viel kritischer gegenüber der Geldpolitik der Europäischen Zentralbank und warnt viel häufiger und inbrünstiger vor einer hohen Inflation. Verantwortlich dafür sind das ökonomische Dogma des Ordoliberalismus und der selbst heute noch große Einfluss des Monetarismus der 1960er- und 1970er-Jahre auf den wissenschaftlichen und wirtschaftspolitischen Diskurs in unserem Land.

So warnen Expertinnen und Experten immer wieder eindringlich vor der großen Ausweitung der Geldmenge und sehen darin eine erhebliche Bedrohung für die Preisstabilität. Wir tun uns schwer, uns von diesem Dogma zu lösen, obwohl wissenschaftliche Studien zeigen, dass es in einer immer globalisierteren Welt keinen robusten Zusammenhang zwischen der Geldmenge und der Inflation gibt.

Die scheinbar fast ständig drohende »Mega-Inflation« ist eines der populärsten Titelthemen nicht nur der Boulevardzeitungen in Deutschland, sondern auch vieler anderer Medien. Diese Drohungen fallen nur auf fruchtbaren Boden, weil viele Menschen sich in der Tat vor hoher Inflation fürchten. Immer wieder in den vergangenen zwanzig Jahren – bei der Einführung der Euro-Banknoten im Jahr 2002, Anfang der 2010er-Jahre und in der zweiten Phase der Pandemie 2021 und 2022 – ist die Empörung über eine »Enteignung der Sparer« durch eine hohe Inflation, durch steigende Preise für Brötchen oder für Benzin besonders hitzig.

Und auch manche Politikerinnen und Politiker nutzen die Inflationsängste der Menschen für ihre eigenen politischen Zwecke. Einige, wie der bayerische Ministerpräsident Markus Söder, der Ende 2021 lautstark eine Begrenzung der Inflation forderte, versuchen, sich als Retter der Sparer zu inszenieren, obwohl sie wissen, dass solche Forderungen nicht umsetzbar sind.

Andere in Politik, Medien und der Wissenschaft nutzen die

erhöhte Inflation bewusst, um ihre anti-europäische Agenda zu verfolgen. Einige von ihnen sehnen sich zurück zu den »guten Zeiten der D-Mark« und wollen den Euro abschaffen. Die AfD ist 2013 von Ökonomen mit diesem Ziel gegründet worden. Aber auch andere haben noch immer ein sehr kritisches Verhältnis zum Euro und zu europäischen Institutionen. Nach ihrer Ansicht tut die EZB zu viel, um südeuropäischen Regierungen unter die Arme zu greifen, oder sie tut zu wenig, um eine drohende Mega-Inflation zu verhindern.

Hier scheint es allzu häufig nicht um Fakten und Sachlichkeit zu gehen, sondern um ideologische Ziele, bei denen es gerechtfertigt erscheint, den Euro und europäische Institutionen zum Sündenbock für die Fehler der nationalen Politik zu machen. Eine erhöhte Inflation und Inflationsängste werden dabei bewusst und systematisch missbraucht, um diese Agenda weiter zu befeuern – nicht um das Ersparte der kleinen Leute zu schützen, sondern um eigene ideologische und finanzielle Interessen zu verfolgen.

Was verursacht heute die Inflation?

Die Argumente derer, die heute von Inflationssorgen geplagt werden, können zumeist leicht widerlegt werden. Da ist zum Ersten die Empörung über eine Inflationsrate von 4,1 Prozent – oder gar mehr als fünf Prozent Ende 2021 –, die in dem am Anfang des Kapitels genannten Zitat der *Bild*-Zeitung deutlich wird: ein vermeintlicher Kontrollverlust, der dazu führe, dass Staat und staatliche Institutionen die Situation nicht mehr im Griff haben, und einen massiven Schaden für die Menschen in diesem Land bedeute.

Ein ehrlicher Blick auf die 4,1 Prozent zeichnet jedoch ein komplett anderes Bild: Die Zahl ist ein Vorjahresvergleich, setzt also die Preise im September 2021 in Bezug zu den Preisen vom September 2020. Was nicht gesagt wird, ist, dass die Preise im September 2021 gegenüber August und Juli 2021 überhaupt nicht gestiegen sind. Die Inflation lag im Vergleich zu den vorangegangenen Monaten also bei 0,0 Prozent, die Preise blieben demnach im Durchschnitt unverändert.

Die 4,1 Prozent für den September-Vorjahresvergleich sind ausschließlich dadurch zustande gekommen, dass die Preise von Juni bis September 2020 zum Teil deutlich gefallen waren. Bis Ende 2021 stieg dann die jährliche Inflation sogar über fünf Prozent, dies aber wiederum vor allem wegen des Preisrückgangs im Vorjahreszeitraum. Das lag beispielsweise daran, dass ab dem 1. Juli 2020 die Mehrwertsteuer vorübergehend um drei Prozentpunkte gesenkt wurde und auch die Energiepreise coronabedingt stark zurückgegangen waren.

In anderen Worten: Die im Herbst 2021 erhöhte Inflation ist zum allergrößten Teil das Resultat sogenannter Basiseffekte, also fallender Preise im Jahr 2020, und meist nicht durch hohe Preise im Herbst 2021 verursacht (mit Ausnahme der Energiepreise, dazu später mehr). Es handelt sich überwiegend um eine Normalisierung einer viel zu schwachen Preisentwicklung im Jahr 2020.

Die Inflation ist heute eine geringere Gefahr als in der Vergangenheit

Kritikerinnen und Kritiker entgegnen auf diese Fakten gern, dass eine Inflation von über fünf Prozent trotzdem zu hoch und daher problematisch sei. Dem lässt sich entgegnen, dass die Inflation der Jahre 2019 bis 2021 zusammengenommen auch in Deutschland noch immer unter dem Ziel der Preisstabilität der EZB von zwei Prozent lag. Wenn man eine längere Perspektive über die vergangenen fünf oder zehn Jahre einnimmt, wird dieses Bild nochmals klarer: In fast jedem Jahr lag die Preisentwicklung deutlich unter der Zielmarke der Preisstabilität.

Einige Kritiker entgegnen nun, dass eine solche Inflation trotzdem unfair ist und eine »Enteignung der Sparer« darstellt, weil die Zinsen trotz einer erhöhten Inflation noch immer bei null Prozent liegen. Somit sind die realen Zinsen deutlich negativ. Und bei einer Inflationsrate von circa drei Prozent für das gesamte Jahr 2021 und Nullzinsen auf dem Sparbuch verliert das Ersparte jedes Jahr drei Prozent an Kaufkraft.

Das ist richtig und in der Tat ein Problem für die betroffenen Menschen. Nur hat ein Drittel der Menschen in unserem Land überhaupt kein Erspartes. Es ist daher ziemlich egal für sie, ob die Zinsen bei null, fünf oder zehn Prozent liegen. Und diejenigen, die über Vermögen verfügen, können es anders anlegen. Auf den Sparkonten liegen die Zinsen zwar bei null Prozent, die Werte für Immobilien und Aktien sind jedoch auch wegen niedriger Zinsen deutlich gestiegen.

Der wichtigste Einwand gegen die Kritik ist jedoch, dass negative Realzinsen in den vergangenen sechzig Jahren in Deutschland überhaupt nichts Außergewöhnliches waren, auch nicht in

Zeiten der Bundesbank und der D-Mark. Im Durchschnitt waren die realen Zinsen auf dem Sparkonto in der Bundesrepublik zwischen 1957, der Unabhängigkeit der Bundesbank, und der Einführung des Euro 1999 negativ. Die meiste Zeit war die Inflation also höher als die Nominalzinsen. Für die Sparerinnen und Sparer ist es letztlich egal, ob die Zinsen bei null Prozent und die Inflation bei drei Prozent oder die Zinsen bei vier Prozent und die Inflation bei sieben Prozent liegen wie zeitweise in den 1970er-Jahren.

Nochmals auf den Punkt gebracht: Jemand, der im Jahr 1957 100 D-Mark auf sein Sparkonto gelegt hat, hatte im Jahr 1998 zwar nominal deutlich mehr, die Kaufkraft dieser verzinsten anfänglichen 100 D-Mark war 1998 jedoch geringer als noch 1957! Die hohen realen Zinsen in D-Mark-Zeiten sind also nicht mehr als ein Mythos.

Darüber wollen viele heute aber nicht reden. Man malt lieber das Bild der guten alten D-Mark-Zeit, in der angeblich alles besser war und sich Sparen noch gelohnt habe. Dieses Bild verfängt leicht, weil die meisten Menschen wissen, welche Zinsen sie auf ihrem Sparkonto erhalten, aber kaum jemandem die wirkliche Höhe der Inflation bewusst ist. Daher ist es für Populisten bei Zinsen von null Prozent leichter als bei Zinsen von vier Prozent, Ängste und Empörung zu schüren, auch wenn die realen Zinsen die gleichen sind.

Das nächste Argument der Kritiker ist, die erhöhte Inflation bleibe dauerhaft und verfestige sich. Markus Söder fordert eine »Inflationsbremse« bei fünf Prozent. Dabei zeigen alle Prognosen, dass die Inflation wohl bereits im Jahr 2022 wieder unter die Marke von zwei Prozent fallen wird. 2023 dürfte die Inflation nochmals weiter zurückgehen, sodass die EZB eher wieder – wie so oft in den vergangenen Jahren – vor dem Problem einer zu niedrigen Inflation stehen dürfte. Sicherlich sind Prognosen immer mit Risiken und Unsicherheit behaftet, aber es ist sehr viel wahrscheinlicher, dass die Inflation kurz- und mittelfristig zu niedrig als zu hoch sein wird, denn die wirtschaftliche Erholung von der Pandemie wird lange Zeit benötigen.

Was die Europäische Zentralbank tun kann – und was nicht

Die Inflation war eines der großen wirtschaftspolitischen Themen des 20. Jahrhunderts. Wie wir gesehen haben, haben Schübe von Inflation und Hyperinflation zu Revolutionen und Umstürzen beigetragen und diese in manchen Fällen sogar unmittelbar ausgelöst. Die Deflation, vor allem während der Weltwirtschaftskrise von 1929 bis 1933, hat einen Beitrag zum Aufstieg der Nazis und der schwärzesten Zeit der deutschen und europäischen Geschichte geleistet. Es ist also verständlich, dass stabile Preise als Lebensgrundlage für die Menschen nicht nur wirtschaftlich, sondern auch politisch und sozial eine enorm hohe Bedeutung haben.

Die Zentralbanken und ihre Geldpolitik haben dabei eine entscheidende, aber auch kontroverse Rolle gespielt. Über Jahrzehnte hinweg wurde experimentiert, welche Ziele Zentralbanken verfolgen und welche Instrumente sie nutzen sollen. Wie kann eine geringe und stabile Inflation gesichert werden? Sollen Zentralbanken dafür den Wechselkurs stabilisieren oder die Geldmenge? Wie viel Wert sollen sie auf Arbeitslosigkeit und wie viel auf Finanzstabilität legen? Und wie können diese verschiedenen Ziele miteinander in Einklang gebracht werden?

In den 1990er-Jahren glaubten viele, die Patentlösung für

Zentralbanken gefunden zu haben – indem die Politik ihnen Unabhängigkeit gewährt und sie auf ein enges Erreichen von Preisstabilität verpflichtet –, was aber nun nach verschiedenen Krisen wieder zur Disposition steht.

Die Fehler nach dem Ende des Bretton-Woods-Systems

Die Politik hat Jahrzehnte vor und nach dem Zweiten Weltkrieg überall auf der Welt damit gerungen, wie die Inflation nicht nur national besser kontrolliert, sondern auch Wechselkurse stabilisiert werden können, sodass Finanzkrisen und Inflation nicht so leicht zwischen Ländern übertragen werden. Nach dem Zweiten Weltkrieg trafen sich die Siegermächte in Bretton Woods, einem kleinen Ort im US-Bundestaat New Hampshire, um das globale Finanzsystem neu zu ordnen. Darunter auch Lord John Maynard Keynes, einer der einflussreichsten Ökonomen des 20. Jahrhunderts und damals Vertreter der britischen Regierung.

Zu den getroffenen Entscheidungen gehörten Kontrollen über den internationalen Kapitalverkehr, ein System fixer Wechselkurse, das zum Teil durch Goldreserven abgesichert wurde, und die Schaffung multilateraler internationaler Finanzinstitutionen, wie des Internationalen Währungsfonds (IWF) und der Weltbank. Dieses System funktionierte für die meisten über zwei Jahrzehnte lang recht gut, bis es Richard Nixon als US-Präsident im Jahr 1971 aufkündigte. Einer seiner Gründe war die steigende Schwierigkeit, den US-Dollar in diesem System zu halten, ohne exzessiv viel Goldreserven zu verlieren, da die US-Regierung durch den Vietnamkrieg eine expansive Finanzpolitik verfolgte.

In den 1970er-Jahren folgte eine Zeit großer Unsicherheit und Volatilität, die in Bezug auf die Inflation große Verwerfungen mit sich brachte. Viele Industrieländer hatten über Jahre hinweg mit hohen Inflationsraten von zehn Prozent oder mehr zu kämpfen. Vier Hauptgründe erklären diese für viele traumatische Erfahrung einer hohen Inflation in den 1970er-Jahren:

Zum einen eine expansive Finanzpolitik in vielen Ländern, wobei Regierungen die Geldpolitik zudem so steuerten, dass die Zinsen niedrig blieben und sie damit einer davongaloppierenden Inflation nicht Einhalt gebieten konnten oder wollten. Die Geldpolitik wurde in allzu vielen Ländern für enge politische Ziele der Regierungen missbraucht, die über niedrige Zinsen, gerade vor wichtigen Wahlen, die Wirtschaft ankurbeln wollten, um sich einen politischen Vorteil zu verschaffen. Studien zeigen, dass eine erhöhte Inflation kurzfristig mit einer geringeren Arbeitslosigkeit einhergeht – eine Beziehung, die nach dem Ökonomen William Phillips als »Phillips-Kurve« bekannt wurde. Die Politik hatte die Zinsen also bewusst niedrig gehalten und damit auch die Inflation erhöht, um die Wirtschaft kurzfristig anzukurbeln und sich politische Unterstützung der Wählerinnen und Wähler zu erkaufen.

Der zweite Grund war eine enge Koppelung und teilweise sogar Indexierung der Lohnentwicklung an die Inflation. Dadurch wurde es immer schwerer, die Inflation wieder zu reduzieren, da Lohnsteigerungen kaum wieder zu stoppen waren.

Der dritte Grund waren zwei große Ölpreis-Schocks, 1973/1974 und 1980/1981. Dabei reduzierten die Erdöl exportierenden OPEC-Länder bewusst Fördermengen, um die Ölpreise zu erhöhen. Durch die große Abhängigkeit der Industrieländer und eine hohe Energieintensität vieler Produktionsprozesse führte das unweigerlich zu höheren Konsumentenpreisen.

Ein vierter Grund waren die Zentralbanken selbst, die in ihren Strategien häufig zu spät oder ineffektiv agierten. Die meisten fokussierten sich zwischen den 1960er- und den 1980er-Jahren auf die Stabilisierung der Geldmenge, um die Inflation indirekt zu kontrollieren. Aber es stellte sich immer deutlicher heraus, dass diese Strategie nicht gut funktionierte, da die Beziehung zwischen der Geldmenge und der Inflation nicht stabil war und sich auch strukturell grundlegend veränderte. Fast alle Zentralbanken warfen diesen Fokus auf die Kontrolle des Instruments der Geldmenge über Bord und gingen über zu einer Strategie, die auf eine direktere Kontrolle über das Ziel der Preisstabilität abzielte.

Ende der 1990er-Jahre hatten fast alle Zentralbanken der Welt die Preisstabilität als zumindest eines ihrer Hauptziele angenommen. Die 1990er-Jahre waren eine Art Revolution für Notenbanken weltweit. Sie brachten ihnen nicht nur Unabhängigkeit, sondern führten auch dazu, dass sie ihre komplette Funktionsweise umstellen und direkt auf die Kontrolle der Inflation abzielen konnten, mit neuen Instrumenten und einer sehr viel offeneren und transparenteren Kommunikation.

Gott und die Bundesbank

Diese Erfahrung der 1970er-Jahre war für viele extrem schmerzvoll. Die Zentralbanken hatten große Schwierigkeiten und brauchten lange, um durch eine sehr restriktive Geldpolitik die Inflation graduell wieder zu reduzieren. Sie forderte einen deutlichen Anstieg der Zinsen auf ein Niveau von teilweise über zehn Prozent und weit über die Inflationsrate, was die Wirtschaft schwächte und zum Teil sogar zu einer Rezession führte, wie in den USA Anfang der 1980er-Jahre unter dem damaligen Fed-Notenbankchef Paul Volcker.

Die Erfahrung der Nachkriegszeit war also, dass Inflation einen enormen wirtschaftlichen Schaden anrichten kann und, einmal außer Kontrolle geraten, schwer wieder einzufangen ist. Die Politik versuchte in den 1990er-Jahren, Wege zu finden, um diese Fehler nicht zu wiederholen. Vielen Zentralbanken der Industrieländer wurde daher Unabhängigkeit gewährt. Das bedeutet, dass sie die Zinsen nach ihrem eigenen besten Wissen und Gewissen setzen und explizit nicht den Wünschen oder Forderungen der Politik folgen sollen. Darüber hinaus wurde den Zentralbanken die Einhaltung der Preisstabilität als primäre Aufgabe und Mandat verordnet, sie sollten ihre Politik also an der Stabilisierung der Inflation ausrichten und dafür Rechenschaft ablegen.

In dieser Geschichte des Auf und Ab der Geldpolitik und der Inflation seit dem Zweiten Weltkrieg hat die Deutsche Bundesbank eine wichtige Vorbildrolle gespielt. Wie oben beschrieben, gab es weltweit kaum eine Zentralbank, die über so viele Jahre so erfolgreich für stabile Preise und gleichzeitig eine starke Währung bei international vergleichbar geringen Zinsen gesorgt hatte – vierzig Jahre, von ihrer Gründung 1957 bis zur Einführung des Euro 1999. Das gelang ihr, weil sie eine hohe Glaubwürdigkeit und großen Respekt bei allen wirtschaftspolitischen Akteuren genoss – von Politik und Finanzmarktakteuren bis hin zu den Gewerkschaften und Unternehmerverbänden.

Die Glaubwürdigkeit der Bundesbank war so herausragend, dass Jacques Delors als Präsident der EU-Kommission Ende der 1980er-Jahre scherzte: »Nicht alle Deutschen glauben an Gott, aber alle glauben an die Bundesbank.« Sie war eine der ersten Zentralbanken der Welt, die 1957 ihre Unabhängigkeit erhielt, die auch stets respektiert wurde. Und die Institution war immer führend in den Debatten der Geldpolitik. Auch wegen dieses Erfolgs wurde die Europäische Zentralbank (EZB) auf den Eckpfeilern und Lehren der Bundesbank gegründet und entwickelt.

Unabhängigkeit und das Mandat der Preisstabilität schienen zwischen den 1990er- und 2010er-Jahren zu einem Erfolgsgaranten für Zentralbanken weltweit zu werden. Fast allen westlichen Zentralbanken wurde Unabhängigkeit von der Politik gewährt, einigen früher, anderen später. Vor allem zwischen dem Ende der 1990er-Jahre und 2008 erlebte die Weltwirtschaft einen phänomenalen Boom, und gleichzeitig sank die Inflation und war sehr stabil.

Viele Zentralbanken glaubten den Stein der Weisen gefunden zu haben und sprachen von der *Great Moderation*, also einer Epoche von Wirtschaftsboom und gesicherter geringer Inflation. Viele waren überzeugt, dies sei der hervorragenden Arbeit und der klugen Strategie der Zentralbanken geschuldet.

Ernüchterung und Kreativität

Diese erwies sich jedoch spätestens nach der Bewältigung der globalen Finanzkrise 2008/2009 als Illusion. Viele Zentralbanken der Industrieländer mussten auf einmal mit Deflation kämpfen und konnten ihr Mandat der Preisstabilität nicht länger ausreichend erfüllen. Sie wurden immer innovativer und kreativer, indem sie nicht nur die Zinsen auf null Prozent senkten, sondern Anleihen auf den Finanzmärkten kauften, um die Kreditzinsen zu senken und den Unternehmen und Konsumentinnen indirekt über Banken und Finanzinstitutionen günstige Kredite bereitstellen zu können.

Die Ernüchterung und Erkenntnis setzte ein, dass nicht die

Zentralbanken die Hauptursache für die *Great Moderation* vor 2008 waren, sondern eine Kombination aus günstigen Rohstoffpreisen und insbesondere dem Eintreten Chinas in die Weltwirtschaft. Letzteres weitete das globale Angebot an Gütern und Dienstleistungen massiv aus und senkte damit die Preise.

Zentralbanken weltweit mussten in den 2010er-Jahren eingestehen, dass sie deutlich weniger Einfluss und Kontrolle über die Inflation haben, als sie geglaubt hatten. Die Finanzpolitik der Regierungen, die Finanzstabilität der Märkte und globale Entwicklungen wurden in den 2010er-Jahren zu immer wichtigeren Treibern von Inflation und Zinsen. Nahezu alle Zentralbanken der Industrieländer kämpften immer stärker und verzweifelter, um mit neuen Instrumenten wieder mehr Kontrolle über die Preisentwicklung zu gewinnen und die Preisstabilität gewährleisten zu können – bisher mit nur mäßigem Erfolg.

Es gibt drei zentrale Gründe für den abnehmenden Einfluss von Zentralbanken auf Inflation und Preisstabilität: Der erste war eine kontraproduktive Finanzpolitik. Gerade nach der globalen Finanzkrise und während der europäischen Krise von 2010 bis 2015 verfolgten viele Regierungen eine Austeritätspolitik, sie schraubten also ihre Ausgaben zurück, vor allem öffentliche Investitionen, was den Einbruch der Wirtschaftsleistung und die Probleme von Finanzinstitutionen lediglich verschärfte. Die EZB musste somit als Nothelfer herhalten, um Schlimmeres für die Finanzstabilität, und damit auch für ihr Mandat der Preisstabilität, zu verhindern.

Der wohl kritischste Moment für Europa und den Euro war der Sommer 2012, als Akteure in den Finanzmärkten über einen möglichen Austritt von Italien und Spanien aus dem Euro spekulierten. Die Staats- und Regierungschefs trafen sich wiederholt, scheiterten jedoch mit ihren Versuchen, diese Spekulationen zu unterbinden. Es war EZB-Präsident Mario Draghi, der Ende Juli 2012 durch sein Versprechen »*We will do whatever it takes, within our mandate*« diesen Spekulationen ein Ende bereitete und eine wirtschaftliche und soziale Katastrophe in Europa verhinderte.

Die EZB versprach, notfalls unbegrenzt in den Finanzmärkten zu intervenieren, um die Integrität des Euro zu sichern. Das war hocheffektiv, aber in Deutschland auch hoch umstritten, denn viele sahen – nicht ganz zu Unrecht – die Aufgabe, eine solche wirtschaftliche und politische Stabilität zu gewährleisten, bei den Regierungen und nicht bei der EZB. Sie kritisierten, dass die EZB de facto Finanzpolitik mache und nicht nur Geldpolitik. Auch wenn sich über diese Frage streiten lässt, ist es sicherlich unstrittig, dass die EZB sehr viel mehr tun musste, als ihr lieb war und als notwendig gewesen wäre, wenn die Politik ihren Aufgaben nachgekommen wäre.

Die steigende Bedeutung von Finanzmärkten ist der zweite Grund für die immer geringere Fähigkeit von Zentralbanken, die Inflation zu steuern. Die Finanzstabilität hat großen Einfluss auf die Wirtschaft und damit auch auf die Inflation. Den Zentralbanken kann daher die Finanzstabilität nicht egal sein. Da sie zudem große Expertise bezüglich der Entwicklungen von Finanzinstitutionen und Finanzmärkten besitzen, haben viele Regierungen den Zentralbanken neben der Geldpolitik die zusätzliche Aufgabe »Finanzstabilität« übertragen. In der Theorie soll sie zwar strikt von der Geldpolitik getrennt werden, in der Praxis ist sie aber eng mit ihr verflochten. Trotzdem erschwert die zunehmende Bedeutung von Finanzmärkten und Finanzstabilität die Arbeit der Zentralbanken und ihre Fähigkeit, die Inflation zu kontrollieren.

Die zunehmende Globalisierung und Integration von Volkswirtschaften und Finanzmärkten sind der dritte Grund. Dies zeigte sich auch während der Corona-Pandemie, als Probleme bei Lieferketten zum Teil zu erheblichen Preisschwankungen führten. Vor allem die offene deutsche Volkswirtschaft ist stärker noch als andere von globalen Entwicklungen abhängig. Die EZB kann jedoch keine Kontrolle über wirtschaftliche oder geldpolitische Entscheidungen in China oder in den USA ausüben. Es wird also immer schwieriger für sie, die Inflation in der Eurozone zu steuern.

Neue Strategien für alte Probleme

Angesichts dieser drei Herausforderungen haben viele Zentralbanken ihre geldpolitische Strategie verändert. Dazu gehören neue Instrumente wie Anleihenkäufe auf den Finanzmärkten und eine gezielte Kommunikation zur Steuerung von Erwartungen. Diese Instrumente haben sich zwar als recht erfolgreich in Bezug auf die Preisstabilität erwiesen, gleichzeitig haben sie jedoch auch Nebenwirkungen und beinhalten signifikante Risiken. So ist der bereits beschriebene Anstieg von Vermögenspreisen bei Aktien und Immobilien auch mit ein Resultat – also in gewisser Weise eine nicht beabsichtigte Nebenwirkung – der expansiven Geldpolitik, nicht nur der EZB, sondern vieler Zentralbanken weltweit.

Auch das Inflationsziel wurde von vielen Zentralbanken neu definiert. Die amerikanische Notenbank Federal Reserve verfolgt mittlerweile ein durchschnittliches Inflationsziel von zwei Prozent bei maximaler Beschäftigung. Die EZB zielt auf eine Inflation von zwei Prozent in der mittleren Frist ab. Was für manchen Beobachter wie kosmetische Veränderungen der geldpolitischen Strategien aussieht, sind jedoch bedeutsame Anpassungen. Denn letztlich hängt der Erfolg einer Zentralbank von ihrer Glaubwürdigkeit ab. Beide wollen mit den Anpassungen die Erwartungen von Märkten und Unternehmen besser steuern und ihre Glaubwürdigkeit nutzen, um ihr Ziel besser und schneller erreichen zu können.

Einige halten es auch für die Aufgabe der EZB, Vermögenspreise zu kontrollieren, und geben ihr die Schuld für explodierende Mieten und Immobilienpreise. Das ist jedoch falsch. Denn weder kann die EZB Vermögenspreise kontrollieren, noch sollte sie dies versuchen. Es sind die Finanz- und Bankenaufsicht und auch die Finanzpolitik, die versuchen müssen, mit Veränderungen von Vermögenspreisen umzugehen, nicht die Zentralbank. Ihr Mandat ist, wie gesagt, die Preisstabilität für Konsumentinnen und Konsumenten.

Genauso kontraproduktiv sind die Forderungen derjenigen in Deutschland, die während des Anstiegs der Inflation im Herbst und im Winter 2021/2022 nach unmittelbar höheren Zinsen und einer Kehrtwende der Geldpolitik der EZB rufen. Eine Zentralbank sollte in der Regel nicht auf eine temporäre Inflation reagieren. Denn Veränderungen in der Geldpolitik brauchen ein bis zwei Jahre, um eine signifikante Wirkung auf die Inflation entfalten zu können. Wenn der Anstieg der Inflation jedoch auf weniger als ein Jahr begrenzt ist, wäre es möglicherweise sogar kontraproduktiv, die Zinsen zu erhöhen. Auf diese Weise würde man die Inflation unter das gewünschte Ziel drücken, wenn die geldpolitischen Maßnahmen wirken.

Genauso wenig sollte die Geldpolitik auf permanente Veränderung der relativen Preise reagieren. Wenn also beispielsweise die Preise für Gas und Öl in Deutschland und Europa in den kommenden Jahren steigen, da die Politik diese klimaschädlichen Energiequellen mit einer ansteigenden CO_2-Steuer belegt, wäre es falsch und kontraproduktiv für die EZB, die Zinsen zu erhöhen. Denn dies würde die Wirtschaft bremsen und nicht zu einer Abnahme der Energiepreise, sondern anderer Preise führen, was dann wiederum den betroffenen Unternehmen und Beschäftigten in diesen Branchen schaden könnte.

Das Beste, was die EZB auch 2022 machen kann, ist, die wirtschaftliche Erholung durch eine graduell (und idealerweise immer) weniger expansive Geldpolitik zu unterstützen und die Finanzstabilität zu sichern. Natürlich wären ein möglichst schneller Ausstieg aus der expansiven Geldpolitik und eine möglichst schnelle Normalisierung der Zinsen wünschenswert. Nur, dies hängt nicht von der EZB ab, sondern von der wirtschaftlichen und finanziellen Situation, und was sie als Zentralbank tun muss, um ihr Mandat der Preisstabilität zu erfüllen.

Und die EZB muss auch die klimabezogenen Risiken stärker als bisher in ihren Entscheidungen berücksichtigen. Dies würde Finanzinstitutionen dazu drängen, Klimarisiken stärker auch in ihren eigenen Entscheidungen – etwa der Kreditvergabe – zu berücksichtigen und somit einen Beitrag zur Umstellung auf klimaneutrale Produktionsprozesse bei den Unternehmen zu leisten.

Ein solcher Fokus auf Klimaschutz bei der Geldpolitik wird von einigen Experten in Deutschland kritisch gesehen, auch weil diese Aufgabe nicht in ihr ideales Bild einer Zentralbank passt, die sich ganz eng und spezifisch auf das Ziel der Preisstabilität begrenzen sollte. Unbestritten ist jedoch, dass Klimawandel und Klimakatastrophen sehr große Auswirkungen auf die Preisstabilität haben, entweder direkt über die Preise von etwa knapp werdenden Gütern und Dienstleistungen oder indirekt über die Finanzstabilität.

Daher müssen Zentralbanken ihre Geldpolitik und Instrumente in Zukunft neu ausrichten. Dazu gehört auch, dass Anleihenkäufe und Liquiditätsvergabe bisher nicht marktneutral waren, weil sie Unternehmen mit einem großen Fußabdruck bei Klima und CO_2-Ausstoß bevorzugt haben – wenn auch nicht bewusst.

Die Politik sollte nicht auf die Zentralbank schauen und von ihr erwarten, dass sie weiterhin so hochexpansiv agiert und die Fehler der Finanzpolitik ausbügelt wie in den vergangenen zehn Jahren. Dies schadet den Zentralbanken und damit ihrer Glaubwürdigkeit und Fähigkeit, Erwartungen zu steuern und Preisstabilität zu gewährleisten. Vor allem sollten Politik und Medien in Deutschland die Unabhängigkeit der EZB respektieren.

Die Attacken gegen die EZB und das Schüren von Ängsten hinsichtlich einer »Mega-Inflation« sind, wie gesagt, nicht nur falsch, sondern auch gefährlich. Sie können Menschen verunsichern und Erwartungen in eine von niemandem gewünschte Richtung lenken. Zinsen werden nur dann steigen und Preise dauerhaft stabil sein können, wenn die Politik wichtige Reformen umsetzt und Klimaschutz, Digitalisierung und die soziale Erneuerung so vorantreibt, dass die Wirtschaft sich nachhaltig erholen kann. Die Zukunft der Inflation und der Zinsen liegt deutlich mehr in der Hand der Politik – vor allem auch in Deutschland – als der Zentralbanken.

Wir wissen nicht, wie sich die Inflation in den kommenden Jahren entwickeln wird. Es gibt durchaus gute Gründe, wieso die Inflation auch dauerhaft zu hoch bleiben könnte. Es gibt aber bessere Gründe, warum eine erhöhte Inflation – wenn sie sich denn materialisieren sollte – eher temporär sein wird. Denn vor allem haben Zentralbanken alle notwendigen Instrumente, um eine dauerhaft zu hohe Inflation zu verhindern. Das wirkliche

Problem der Preisentwicklung liegt in ihren Verteilungswirkungen. Das heißt, dass sie Menschen sehr unterschiedlich hart trifft und vor allem denjenigen mit geringen Einkommen, Mieterinnen und Mietern in den Städten sowie einkommensschwachen Sparerinnen und Sparern schadet.

Wir brauchen dringend eine ehrliche Debatte zu Inflation und Geldpolitik in Deutschland. Es darf nicht sein, dass gewisse Politiker und Medien noch immer mit dem falschen und manipulativen Narrativ durchkommen, Inflation und Geldpolitik enteigneten kleine Sparerinnen und Sparer. Die Wahrheit ist vielmehr, dass das Versagen der Politik, von einer verfehlten Wohnungsbaupolitik bis hin zu einer unzureichenden Sozial- und Finanzpolitik, dafür verantwortlich ist. Höchste Zeit also, dass sich diese Tatsachen in der öffentlichen Debatte durchsetzen.

6.

UNGLEICHHEIT UND INFLATION

Das wirkliche Problem der Inflation in den letzten Jahren und wohl auch in den kommenden liegt anderswo: Einzelne Gruppen, vor allem die Einkommensschwächsten, leiden am stärksten unter Preisveränderungen. Letztere haben allzu häufig starke Verteilungswirkungen entfaltet, wobei die Kluft zwischen Arm und Reich zunimmt. Vor allem die Inflation der Wohnkosten hat für viele Menschen mit geringen Einkommen so stark zugenommen, dass sie finanziell deutlich weniger übrig haben, um ihren Lebensunterhalt zu bestreiten. Der Kampf gegen den Klimawandel, die Alterung der Gesellschaft, der Fachkräftemangel und die Deglobalisierung gehören zu den vier großen Mega-Trends des kommenden Jahrzehnts – auch in Bezug auf die Inflation und Verteilung von Einkommen und Vermögen. Es gibt gute Gründe, warum diese vier zu einem erheblichen Problem und zu einer erhöhten Inflation führen könnten. Aber es gibt bessere Gründe, warum diese Entwicklungen auch Chancen für eine stärkere Generationengerechtigkeit und ein nachhaltigeres Wirtschaften bieten. Und sie können zu einer gerechteren Verteilung von Einkommen, Vermögen und Chancen führen.

Wohnen als soziale Frage

Wissen Sie, um wie viel der Hartz-IV-Satz für das Jahr 2022 erhöht wurde? Die Antwort ist: um drei Euro im Monat. Von 446 Euro auf 449 Euro. Das ist eine Steigung von 0,76 Prozent. Wenn man über abstrakte Zahlen der Inflation spricht, dann vergisst man häufig, dass Menschen ganz unterschiedlich von Preisveränderungen betroffen sind und ganz unterschiedliche Möglichkeiten haben – oder eben auch nicht haben –, damit umzugehen.

Die Anpassung des Hartz-IV-Satzes erfolgt nach einer bestimmten Formel, die hauptsächlich rückblickend ist, also auf die Entwicklung der Vergangenheit reagiert. Und natürlich sind die Preise im Jahr 2020 kaum gestiegen, aber im Jahr 2021 eben schon. Und auch wenn durch die erhöhte Inflation im Jahr 2021 nun eine starke Anpassung für 2023 zu erwarten ist, sieht man sehr deutlich, dass diese verzögerte Anpassung um zwei Jahre die jeweiligen Hartz-IV-Empfänger empfindlich trifft. Für die meisten Beschäftigten, die in der Mitte ihres Erwerbslebens stehen, mag ein einzelnes Jahr mit einer Erhöhung der Einkommen unter der Inflation zu verkraften sein, für die mit wenig Einkommen aber machen ein paar Euro mehr oder weniger im Monat einen erheblichen Unterschied.

Dass die Politik es besser kann, zeigt die Anpassung der gesetzlichen Rente, die man trotz der Pandemie weiter erhöht hat, um Rentnerinnen und Rentner zu unterstützen, obwohl die Löhne der Beschäftigten stagnierten. In der Rentenformel ist dies eine wichtige Grundlage für die Anpassungen.

Inflation betrifft Menschen auch in anderer Weise sehr unterschiedlich. Studien zeigen, dass die Preissteigerungen für Menschen mit geringen Einkommen in den vergangenen Jahren zum Teil überproportional über denen der durchschnittlichen Inflation gelegen haben. Der Grund ist, dass Menschen ein sehr unterschiedliches Konsumverhalten haben. Alle Menschen müssen zuerst die Grundbedürfnisse des täglichen Lebens abdecken wie Wohnen, Energie, Kosten fürs Heizen, für Mobilität und Ernährung. Erst dann können andere Bedürfnisse befriedigt werden.

Menschen mit geringen Einkommen müssen einen sehr viel höheren Anteil ihres monatlichen Einkommens für solche grundlegenden Bedürfnisse ausgeben als andere. Gerade in diesen Bereichen sind aber die Preise in den vergangenen Jahren überall in Europa besonders stark gestiegen. So hat die Veränderung der relativen Preise Menschen mit geringen Einkommen in den vergangenen Jahren tendenziell stärker belastet und die Abstände zwischen den Lebensstandards von Arm und Reich mit vergrößert.

Die Explosion von Immobilien- und Mietpreisen als Treiber der Ungleichheit

Wie unterschiedlich die Inflation Menschen treffen kann, zeigt vor allem die Explosion von Mietpreisen. Wie sehr das Wohnen zur sozialen Frage geworden ist, lässt sich an den Mieten und Preisentwicklungen ablesen. Mitte der 1990er-Jahre zahlten Menschen in Deutschland durchschnittlich zwischen 20 und 25 Prozent ihres monatlichen Nettoeinkommens (nach Steuern und Abgaben) für die Miete. Die Unterschiede zwischen den Einkommensgruppen waren gering. Das Fünftel mit dem höchsten Einkommen (ohne eigene Wohnung) zahlte damals im Durchschnitt 18 Prozent für die Miete, das Fünftel mit dem geringsten Einkommen weniger als 25 Prozent. In den vergangenen 25 Jahren ist die Schere stark auseinandergegangen. 2018 zahlte das einkommensschwächste Fünftel im Durchschnitt 40 Prozent seines monatlichen Nettoeinkommens für die Miete. Das reichste Fünftel dagegen knapp 21 Prozent.

Eine detaillierte Analyse zeigt zudem, dass es vor allem Menschen in größeren Städten sind, die einen besonders starken Anstieg ihrer Mietkosten hinnehmen mussten. Heute gilt jeder fünfte Haushalt in Städten als durch die Miete überlastet, da er mehr als 40 Prozent des monatlichen Einkommens dafür aufbringen muss. Eine Studie des DIW Berlin zeigt, dass der Mietenanstieg das Armutsrisiko erhöht hat. Der Anteil der Mieter und Mieterinnen, die von Armut bedroht sind, hat sich seit 1991 fast verdoppelt, von 15 auf 29 Prozent.

Erschwerend kommt hinzu, dass die Eigentumsquote in großen Städten deutlich geringer ist als auf dem Land. In Berlin beispielsweise wohnen mehr als 83 Prozent der Menschen zur Miete, knapp 17 Prozent leben in den eigenen vier Wänden. Gerade in Städten wie Berlin ist die Frustration verständlich. Denn die 2010er-Jahre waren für die Stadt sehr erfolgreich. Die Wirtschaft erlebte einen Boom, viele Menschen fanden gute Arbeit, und die Löhne stiegen deutlich – auch wenn nach wie vor überdurchschnittlich viele hier so wenig verdienen, dass sie und ihre Familien auf staatliche Leistungen angewiesen sind.

Aber noch schneller als die Einkommen stiegen die Mieten, sodass viele letztlich sparen und ihre Lebensqualität beschneiden mussten – obwohl sie jetzt mehr und härter arbeiten und bessere Löhne erzielen. Zwar schützt das Mietrecht viele Menschen vor einer Verdrängung aus ihrer Wohnung und vor starken Steigerungen der Mietkosten, wenn sie eine passende Wohnung haben. Wer aber wechseln muss, hat oft ein Problem. Menschen, die etwa eine Familie gründen und deshalb innerhalb der Stadt umziehen wollen, können sich trotz höherer Einkommen eine Wohnung im eigenen Kiez nicht mehr leisten.

Hart ist es auch für viele Neu-Berliner, die große Schwierigkeiten haben, erschwingliche Wohnungen zu finden. Gentrifizierung und Homogenisierung der Städte sind zunehmende Trends, die durch die Explosion der Mietpreise befördert werden und gegen die die Politik wenig tun kann oder will.

Was die Politik gegen die Mieteninflation tun kann und was nicht

So weit die Fakten. Sie zeigen, wie berechtigt die Sorge über den starken Anstieg der Wohnkosten ist. In Berlin setzten viele Menschen ihre Hoffnung auf den mittlerweile vom Bundesverfassungsgericht abgelehnten »Berliner Mietendeckel«. Geholfen hat er aber nur wenigen und oft denen, die am wenigsten Hilfe brauchten. Eine Studie des DIW Berlin zeigt, dass der Mietendeckel zwar für einige eine Mietsenkung brachte. Dabei handelt es sich aber häufig um Besserverdienende.

Schlimmer noch, die Studie macht auch deutlich, dass der Mietendeckel zu einer starken Verknappung des Angebots geführt hat – seit seiner Einführung wurden nur noch halb so viele Wohnungen angeboten. Diejenigen, die in den vergangenen Jahren durch die Mietpreissteigerungen am stärksten betroffen waren – vor allem junge Familien, Menschen mit geringen Einkommen und Zuzüglerinnen –, konnten nicht nur nicht vom Mietendeckel profitieren, sondern sie litten sogar unter der gut gemeinten Regelung.

Die Lösungen für die soziale Frage des Wohnens sind hinlänglich bekannt, auch wenn sie kompliziert sind und lange Zeit brauchen werden, um zu greifen. Langfristig wird nur eine starke Ausweitung des Angebots durch viel Bauen den Druck im Wohnungsmarkt reduzieren können. Für eine Stadt wie Berlin mit einer so enorm großen Fläche ist das Problem dabei nicht der Platz, sondern der politische Wille.

Auch viele Anwohner (Beispiel Tempelhofer Feld) wollen keine innerstädtische Verdichtung, aus Sorge, ihre eigene Lebensqualität könnte darunter leiden. Die Politik muss den sozialen Wohnungsbau wieder sehr viel stärker fördern. Die Forderung, man könne dies durch Enteignung von Immobilienunternehmen schaffen – wie dies 56 Prozent der Berlinerinnen und Berliner beim Volksentscheid am 26. September 2021 entschieden –, ist ein Irrglaube, denn auch davon würden nur einige wenige profitieren und viele dafür den Preis zahlen.

Es wird viele Jahre dauern, bis ein ausreichendes Angebot an Wohnraum den Druck von den Mieten nehmen wird. Für diesen Zeitraum ist eine kluge Regulierung möglich und sinnvoll, wie die Erfahrung mit der Mietpreisbremse in Berlin zeigt (auch wenn dies nicht die Patentlösung für alle Probleme sein wird). Der wohl beste und direkteste Weg ist das Wohngeld, um für Menschen und Familien mit geringen Einkommen die Chancen auf dem Wohnungsmarkt zu erhöhen. Dies ist eine teure Option, könnte jedoch durch eine Erhöhung der Grundsteuer oder eine einmalige Abgabe für große Immobilienbesitzer und teure Immobilien finanziert werden.

Es ist eine Ironie der Pandemie, dass Immobilieneigentümerinnen zum größten Teil von den finanziellen Folgen verschont blieben. Seit Beginn der Corona-Krise sind Mieten um 4,2 Prozent und Kaufpreise von Eigentumswohnungen um 12,6 Prozent gestiegen. Gut für die Branche, nicht so gut für Familien, die in der Krise weniger Geld haben.

Mehr noch: Es sind vor allem die Eigentümer von gewerblichen Immobilien, denen ein großer Teil der Wirtschaftshilfen, wie den Überbrückungshilfen der Bundesregierung, zugutekommt, da die Mieten einen großen Teil der Kosten für Geschäfte, Restaurants, Cafés und andere kleine Gewerbe ausmachen. Ohne diese Wirtschaftshilfen hätten viele Eigentümerinnen deutliche Verluste ihrer Mieten verbuchen oder zumindest große Konzessionen machen müssen.

Das Wohnen ist also eine der großen sozialen Fragen unserer Zeit, die auch unsere Gesellschaft finanziell und sozial immer stärker spaltet. Die Eigentümer profitieren von stark steigenden Immobilienpreisen, die mit stark steigenden Mieten verbunden sind und meist Mieterinnen und Mieter mit geringen Einkommen stark belasten. Wenn wir über Inflation reden, müssen wir auch über solche Verteilungswirkungen sprechen, die punktuell bestimmte Gruppen sehr stark belasten und zur zunehmenden gesellschaftlichen Polarisierung beitragen.

Als Fazit gilt festzuhalten: Auch wenn die Inflation generell in den vergangenen zehn Jahren in Deutschland gering war, so haben einzelne Gruppen sehr starke Preisanstiege erlebt. Es sind vor allem Menschen mit geringen Einkommen und solche, die zur Miete leben, die durch die Explosion von Wohnkosten leiden. Wohnen ist eine der zentralen sozialen Fragen unserer Zeit, und wir erleben seit Jahren eine anhaltend hohe Inflation der Wohnkosten. Das bedeutet nicht, dass Inflation per se ein Problem ist, sondern dass die Politik zielgenau den Menschen helfen muss, die betroffen sind, und gleichzeitig die Ursache der steigenden Wohnkosten – eine seit Jahren unzulängliche Wohnungsbaupolitik – adressieren muss.

Wieso eine »Grüne Inflation« notwendig ist

Wie wird sich die Inflation in den nächsten fünf und zehn Jahren entwickeln? Zunehmende Bedeutung könnte die sogenannte »Grüne Inflation« gewinnen. Denn vor allem die Preise für Energie sind im letzten Jahr durch die Decke geschossen und zum Teil um 50 Prozent oder mehr gestiegen. Die Menschen spüren das an der Zapfsäule, wo der Liter Benzin teurer wird, und beim Heizen.

Nicht wenige in Deutschland machen daraus das Narrativ, der Klimaschutz sei für die steigenden Energiepreise verantwortlich. Er befeuere nicht nur die Inflation, sondern schade vor allem den einkommensschwächsten Menschen, denn diese geben einen besonders großen Teil ihres monatlichen Einkommens für Energie aus. Und die Einführung des CO_2-Preises und einer stärkeren Regulierung erhöhe nicht nur die Inflation, sondern schade Unternehmen, die an Wettbewerbsfähigkeit einbüßen, sodass gute Arbeitsplätze in Deutschland verloren gehen – so die Kritiker.

Was erklärt den Anstieg der Energiepreise?

Dieses Narrativ des teuren Klimaschutzes verfängt bei einigen Gruppen in Deutschland. Denn führt ein CO_2-Preis nicht zu gesteigerten Energiekosten und trifft die energieintensive Industrie besonders hart? Auch wenn eine stärkere Regulierung kurzfristig zu höheren Energiepreisen beiträgt, führen nicht Klimaschutz und CO_2-Preis zu einer erhöhten Inflation, sondern ganz im Gegenteil: Die größte Bedrohung der langfristigen Preisstabilität sind der Klimawandel und dadurch ausgelöste globale Handelskonflikte.

Zu den Ursachen: Der wohl wichtigste Grund für die explodierenden Rohstoffpreise des letzten Jahres ist die Corona-Pandemie, die immer wieder wirtschaftliche Restriktionen erfordert, um das Virus einzudämmen. So löste die teilweise Schließung eines großen chinesischen Hafens im Sommer 2021 in der deutschen Wirtschaft Schockwellen aus. Denn viele Unternehmen, vor allem in der Automobilbranche, sind mit der chinesischen Wirtschaft mittlerweile so eng vernetzt, dass selbst eine Störung, die zu Lieferverzögerungen bei Gütern von begrenztem materiellem Wert führt, enorme Verwerfungen in Deutschland mit sich bringt. Denn ein Produkt kann nicht fertiggestellt werden, wenn auch nur ein kleiner Teil an Vorleistungen fehlt, sodass eine ganze Produktion, die auf eine *Just-in-time*-Lieferung ausgerichtet ist, zum Stillstand kommt.

Ein zweiter Grund ist die zum Teil deutlich höhere Nachfrage nach Rohstoffen durch eine besser als erwartete Erholung – vor allem in China selbst, wo die Wirtschaft auch in dieser Pandemie der Welt davonzieht. Dies ist erst einmal keine schlechte Nachricht, denn sie zeugt von einer gewissen Resilienz und Widerstandsfähigkeit der globalen Wirtschaft.

Als dritten Grund für die steigenden Energie- und Rohstoffpreise führen einige den Klimaschutz und die damit verbundene Einführung eines CO_2-Preises und andere Regeln an, die zu einer Verteuerung führen. Berechnungen zeigen, dass der graduelle Anstieg des CO_2-Preises in Deutschland die Inflation im kommenden Jahrzehnt jedes Jahr um 0,5 Prozentpunkte steigern könnte.

Die Notwendigkeit einer »Grünen Inflation«

Das Argument der »Grünen Inflation«, die schädlich und schlecht sei, ist zynisch und falsch. Einerseits wollen fast alle mehr Klimaschutz. Andererseits wird jetzt über erhöhte Energiepreise und Inflation geklagt, weil CO_2 besteuert wird. Genau das ist aber der wirtschaftliche Mechanismus des Klimaschutzes: Schädliches Verhalten von Unternehmen und Menschen - beispielsweise der Verbrauch von fossilen Energieträgern - soll in Zukunft den wirklichen Schaden widerspiegeln - durch höhere Preise.

Man kann das Argument noch weiterdrehen: Die statistisch gemessene Inflation spiegelt heute nicht den wirklichen Wert von Gütern und Dienstleistungen wider. Denn zur Erinnerung: Worum geht es bei der Messung von Inflation? Es geht um die Messung der Preise, die Menschen für Dinge in Form von Geld zahlen. Der Preis bestimmt den relativen Wert, beispielsweise meiner Arbeitsleistung, gegenüber einem Auto, einer Mahlzeit oder einem Arztbesuch.

Wenn ein Konzern einen Baum in Brasilien abholzt und das Holz an Konsumentinnen und Konsumenten in Deutschland verkauft, dann misst dieser Preis den finanziellen Wert des Rohstoffs Holz. Aber er ignoriert den Schaden, den die Abholzung verursacht - die Erosion des Bodens, die Zerstörung der Biodiversität und Lebensgrundlage vor Ort und den Beitrag zur Erderwärmung. Dieser Schaden wird in der Messung von Preisen und Inflation meist ignoriert. Er fällt vielleicht auch heute noch nicht in voller Höhe an, sondern wird von künftigen Generationen zu tragen sein.

Preise und Inflation sollten daher nicht nur den Nutzen von

Dingen – häufig für einige wenige, zahlungskräftige Menschen – widerspiegeln, sondern auch die sogenannten Externalitäten, also die direkten und indirekten Kosten für andere, auch und gerade für künftige Generationen. Oft wird in diesem Zusammenhang auch von »ehrlichen Preisen« gesprochen. Wollen wir diese erreichen, kommen wir um eine »Grüne Inflation« nicht herum.

Wenn man die Belastung von Umwelt und Klima und die anderen impliziten Kosten der Bereitstellung von Gütern und Dienstleistungen berücksichtigen will, müsste der Preis für einige Dinge unseres täglichen Bedarfs deutlich höher sein, die Inflation müsste also höher liegen. Die Flugreise in die Karibik müsste eigentlich ein Vielfaches des heutigen Preises betragen, denn der ökologische Fußabdruck allein des Flugs ist sehr viel größer als der Preis für das Kerosin und die anderen Kosten der Reise.

Die gigantischen Subventionen für fossile Energieträger

Eine neue Studie des Internationalen Währungsfonds (IWF) schätzt, dass die Regierungen jedes Jahr Subventionen für fossile Energieträger – also Kohle, Öl und Gas – in Höhe von 5,9 Billionen US-Dollar oder 6,8 Prozent der jährlichen Welt-Wirtschaftsleistung an Unternehmen und Einzelpersonen zahlen. Diese gigantischen Finanzspritzen für fossile Energien stellen die größten Hürden für das Erreichen des 1,5-Grad-Ziels des Pariser Klimaschutzabkommens dar und für die Umsetzung der sozial-ökologischen Transformation.

Der IWF berechnet die Kosten für jeden fossilen Energieträger, den dieser für die Produktion, für das Klima und für die Gesundheit der Menschen verursacht, und vergleicht diese Kosten dann mit dem Preis, der wirklich dafür entrichtet wird. Diese Differenz zwischen dem effizienten Preis, der die Kosten widerspiegelt, und dem wirklichen Preis ist in den allermeisten Fällen groß, vor allem bei Kohle.

Die Kosten werden anhand des Schadens, den fossile Brennstoffe für das Klima darstellen, berechnet. Sie beinhalten aber auch den Schaden für die Gesundheit. Expertinnen und Experten berechnen beispielsweise, dass durch den Ausstoß von CO_2 und Umweltverschmutzung durch fossile Brennstoffe jedes Jahr in Deutschland 43 000 Menschen frühzeitig sterben. Dabei sind diese Berechnungen des IWF noch recht konservativ, denn sie fokussieren sich auf die Kosten in der Gegenwart und ignorieren die Kosten für künftige Generationen.

Die Subventionen für fossile Energieträger in Deutschland belaufen sich laut IWF auf 1,9 Prozent der Wirtschaftsleistung oder 70 Milliarden Euro pro Jahr. Sie sind damit zwar etwas geringer als der globale Durchschnitt, jedoch immer noch sehr groß. Allein der Preis für Kohle müsste in Deutschland viermal höher sein, als er zurzeit ist. Man kann sich vorstellen, was ein fairer Preis für Kohle bedeuten würde: Diskussionen über einen vorzeitigen Kohleausstieg vor 2038 würden sich von selbst erledigen, und die gigantischen Subventionen von 40 Milliarden Euro für den Kohleausstieg könnte sich der Staat, und damit die Steuerzahler, sparen.

70 Milliarden Euro weniger an Subventionen und mehr an Einnahmen pro Jahr, um fossile Energieträger fair nach ihren Kosten zu besteuern, würden auf einen Schlag alle Sorgen der künftigen Bundesregierung über die Finanzierung der ökologischen Transformation lösen. Denn diese Summe entspricht laut

wissenschaftlichen Schätzungen den Kosten für diese Transformation. Sie ist also weniger teuer, als es viele wahrnehmen: Es wären ausreichend Finanzmittel da, wenn fossile Energieträger den Schaden kompensieren würden, den sie verursachen.

Mit der Einführung eines, wenn auch moderaten, CO_2-Preises in Deutschland und anderswo ist ein erster, kleiner Schritt getan, um den Preis für fossile Energieträger den wirklichen Kosten anzunähern. Nun gibt es viele gute Gründe, warum diese Anpassung graduell über die Zeit gestreckt werden soll. Die Wahrung der Wettbewerbsfähigkeit deutscher Unternehmen sowie die Umstellung der Produktionsprozesse, die Zeit braucht, sind zwei valide Argumente.

Zur Ehrlichkeit gehört aber auch, dass wir die falsche Erzählung vom teuren Klimaschutz als das entlarven, was sie ist: eine teure Lüge. Es ist nicht so, dass Klimaschutz teuer ist und der Staat ihn über höhere Steuern auf fossile Energiequellen finanziert. Es sind die fossilen Energieträger, die den Klimawandel befeuern und die Kosten für Umwelt, Gesundheit und Wirtschaft verursachen.

Ein gewisses Maß an »Grüner Inflation« ist also richtig und notwendig. Sie spiegelt eine Anpassung relativer Preise wider. Die Preise für klimaschädliches Verhalten müssen steigen, um es zu reduzieren und Anreize für Innovation und klimaneutrale Wirtschaftsprozesse zu schaffen. Und anstatt sich darüber zu beklagen, sollten wir als Bürgerinnen und Bürger Verantwortung übernehmen für unser Verhalten und für die Sicherung der Lebensgrundlage unserer Kinder und Enkelkinder.

Und: Ist ein »grüner« Preisanstieg, beispielsweise durch den CO_2-Preis, wirklich so schlimm und schädlich? Wenn die genannten Berechnungen korrekt sind, wird die durchschnittliche Jahres-Inflation in Deutschland durch die Einführung und Erhöhung des CO_2-Preises nicht mehr bei 1,4 Prozent liegen, wie in den vergangenen zwanzig Jahren, sondern bei 1,9 Prozent. Oder die Inflation betrüge 2,5 Prozent und nicht zwei Prozent, wie von der EZB für die Eurozone anvisiert.

Beides wäre für Deutschland unproblematisch. Als Vergleich: Die Inflation lag in Zeiten der D-Mark und der Bundesbank zwischen 1957 und 1998 im Durchschnitt bei 3,1 Prozent im Jahr. Niemand schimpft heute über eine zu hohe Inflation in diesen Jahrzehnten, sondern viele schauen – manche mit Nostalgie – als eine wirtschaftlich erfolgreiche Zeit mit einer starken D-Mark und stabilen Preisen auf sie zurück.

Die Verteilungswirkungen des Klimaschutzes

Eine berechtigte Sorge ist, dass Preiserhöhungen durch Klimaschutz einige Menschen, insbesondere solche mit geringen Einkommen, stärker treffen als andere. Die Pendlerin im Umland kann sich eine teure Wohnung in der Stadt nicht leisten und muss zur Arbeit pendeln. Künftig wird sie durch den höheren Benzinpreis besonders stark belastet. Sie wird aber auch nicht die Mittel haben, um ihr Auto mit Verbrennungsmotor abzuschaffen und durch ein Elektroauto zu ersetzen.

Zur Wahrheit gehört jedoch auch, dass es vor allem die einkommensschwächsten und verletzlichsten Menschen sind, die den größten finanziellen und nicht finanziellen Preis für die Subventionen fossiler Energieträger zahlen. Sie sind von einem hohen Benzinpreis und Heizkosten relativ zu ihrem Einkommen stärker betroffen. Auch der Schaden für Gesundheit und Umwelt trifft Menschen mit geringerem Einkommen härter. Hinzu kommt, dass der Staat die Gelder für die ökologische

Transformation über Steuererhöhungen oder Ausgabenkürzungen finanzieren muss, was tendenziell wieder einkommensschwächere Menschen belastet.

Ein Anstieg des CO_2- und Benzinpreises ist daher richtig. Er erfordert von der Politik jedoch auch, dass sie die sozialen und Verteilungswirkungen ihres Handelns besser berücksichtigt. Sie sollte die erforderlichen Anpassungen sozial abfedern. Etwa indem sie die Einnahmen aus der CO_2-Steuer noch gezielter als bisher geplant an die Menschen zurückgibt, die durch höhere Energiepreise besonders stark belastet werden. Dieses Vorgehen war zwar schon in den Plänen der vergangenen Bundesregierung enthalten, an der Umsetzung hat es jedoch bisher gehapert.

Die Fehler in der Diskussion um die »Grüne Inflation« liegen jedoch anderswo. Zunächst einmal ist der wichtigere Grund für den Anstieg der Rohstoffpreise nicht der Klimaschutz, sondern der Klimawandel. Als Beispiel: Die wichtigste Ursache für die Explosion der Holzpreise im Jahr 2021 waren Waldbrände in großen Teilen Nordamerikas und Trockenheit in Europa, die den Schädlingsbefall des Waldes deutlich erhöht hat. Dadurch entstand Holzknappheit, was die Preise stark hat ansteigen lassen.

Ein anderes Beispiel ist die Trockenheit 2020 und 2021 in China, die zu Wasserknappheit geführt und den Wasserspiegel in vielen Talsperren so stark reduziert hat, dass die Energiegewinnung aus Wasserkraft deutlich zurückging. Zahlreiche Fabriken im Süden Chinas mussten deshalb im Sommer 2021 zwei oder gar drei Tage die Woche ihre Produktion einstellen. Auch dies führt zu Lieferengpässen und Knappheiten, die letztlich die Preise erhöhen.

Auch die Flutkatastrophe im Juli 2021 in manchen Teilen Westdeutschlands zeigt, wie groß der direkte, auch wirtschaftliche Schaden des Klimawandels ist. Knappheiten, Preisexplosionen und Störungen in Lieferketten entstehen meist dann, wenn unvorhergesehene Probleme – wie Naturkatastrophen – entstehen. Diese sind jedoch nicht das Resultat von Klimaschutzmaßnahmen oder CO_2-Preisen, sondern des Klimawandels. Nicht der Klimaschutz ist also das Problem für Inflation und Wirtschaft, sondern der Klimawandel.

Die soziale Sprengkraft von »Grüner Inflation«

Auch wenn ein gewisses Maß an Inflation und Veränderung relativer Preise notwendig ist, so kann sie kurzfristig zu erheblichen sozialen Spannungen und sogar zu politischen Umstürzen führen. In der Geschichte gibt es viele Beispiele, bei denen die politische Entscheidung, Subventionen zu kürzen oder aktiv Energiepreise zu erhöhen, Auslöser für große soziale Umwälzungen war.

In unmittelbarer Vergangenheit zeigen die Unruhen in Frankreich 2019, ausgelöst durch die sogenannten Gelbwesten, wie enorm die soziale Sprengkraft von Energiepreisen sein kann. Steuererhöhungen und höhere Benzinpreise lösten damals insbesondere bei jungen Menschen mit wenig Einkommen eine Welle von Widerstand und Gewalt aus. Die Menschen waren frustriert, dass das Leben vor allem in den Städten immer teurer wurde und viele trotz Arbeit am Ende des Monats immer weniger Geld in der Tasche hatten und den Gürtel enger schnallen mussten. Es war ein Gefühl der Ohnmacht gegenüber dem Staat, der per Dekret über die tägliche Lebensgrundlage der Menschen entscheidet. Als Konsequenz mussten die französische Regierung und Präsident Macron einige bereits angekündigte Reformen ändern oder aussetzen.

Im Dezember 1997 führte die Entscheidung der Regierung Indonesiens, Benzin-Subventionen zu kürzen, zu Unruhen in den Städten. Sie weiteten sich anschließend zu einem breiteren Konflikt und einem Bürgerkrieg aus. Dieser hatte den Sturz des damaligen Machthabers Suharto zur Folge und löste eine Demokratisierung des Landes aus.

Diese Erfahrung war eingebettet in eine Finanzkrise in Asien, die im Juli 1997 durch Thailand ausgelöst wurde und sich schnell auf andere Staaten übertrug. Indonesien geriet in eine Währungskrise, die zu einem starken Anstieg der Arbeitslosigkeit und hohen Inflationsraten führte. Die Regierung war gezwungen, im Dezember 1997 ein Hilfsprogramm des Internationalen Währungsfonds (IWF) zu akzeptieren. Als Bedingung beinhaltete es auch die Schließung zahlreicher Banken sowie die Kürzung von Energie-Subventionen. Interessanterweise war es genau die Verkündung der Subventionskürzungen, die als Auslöser des Konflikts fungierte.

Der Anstieg von Energiepreisen war auch in vielen anderen Ländern Katalysator für Konflikte und soziale Unruhen. Chile in den 2010er-Jahren ist ein weiteres Beispiel. Der Grund dafür ist, dass Preiserhöhungen Menschen mit geringeren Einkommen sehr viel stärker und unmittelbar betreffen: im täglichen Leben, beim Pendeln zur Arbeit oder der Bereitstellung der Grundversorgung.

Dies ist wohl ein weiterer Grund dafür, warum weltweit nahezu alle Regierungen insbesondere fossile Energiequellen massiv subventionieren und so viele davor zurückschrecken, diese Subventionen abzubauen. Auch in Deutschland führt der Anstieg der Benzinpreise zu Frustration und Widerstand. Die Mobilität mit dem eigenen Auto wird als eine Art Grundrecht angesehen, das durch Preiserhöhungen beschnitten wird. In der Tat sind viele Menschen noch immer vom Pkw abhängig, und damit ist eine Erhöhung der Pendlerpauschale politisch besonders populär und Benzinpreiserhöhungen gefürchtet.

Die Politik muss den Energiepreisen und der »Grünen Inflation« daher sehr viel mehr Aufmerksamkeit schenken, als dies in Europa und auch in Deutschland zurzeit der Fall ist. Man kann zu Recht anmerken, dass Preiserhöhungen für fossile Energiequellen wichtig sind. Die Politik kann und muss mehr tun, um besonders stark betroffene Menschen mit geringen Einkommen besser zu kompensieren. Nur so lässt sich die Legitimierung schaffen, um Klimaschutz erfolgreich zu gestalten.

Führen Demografie und Deglobalisierung zu hoher Inflation?

Wohnkosten und Energiepreise sind nur teilweise und mit Verzögerung von der Politik beeinflussbar. Was die Politik noch weniger und sehr viel indirekter beeinflussen kann, ist die Demografie. Glaubt man manchen Experten, könnte die demografische Wende, global wie auch in Deutschland, die Inflation in den nächsten zehn Jahren massiv erhöhen. Gleichzeitig könnte sie aber auch die Ungleichheit bei Arbeitseinkommen reduzieren.

Eine Reihe von Wissenschaftlerinnen und Wissenschaftlern, wie die beiden Ökonomen Charles Goodhart und Manoj Pradhan, sehen durch die massive Alterung in fast allen Industrieländern und in China, verbunden mit einem Rückgang der wirtschaftlichen Globalisierung, eine große Bedrohung für Wachstum und Inflation. Und dies schon sehr bald in den kommenden Jahren.

Die Umkehr des Zeitalters der Hyper-Globalisierung

Wir befinden uns derzeit in einer Situation, da diese Entwicklung der Globalisierung, hoher Ersparnisse und niedriger Zinsen und Inflation ins Gegenteil umschlagen könnte – so befürchten es einige Expertinnen und Experten. Wie problematisch wäre das, was würde es für die Inflation bedeuten?

Wir sehen vor allem in demografischer Hinsicht in den wirtschaftlich großen Ländern eine deutliche Alterung. Am allerstärksten ist diese Alterung in Japan, Deutschland und Italien fortgeschritten. Infolge einer geringen Geburtenrate – in Deutschland ist sie seit Mitte der 1960er-Jahre rückläufig – schrumpft die erwerbsfähige Bevölkerung, während die Anzahl von Rentnerinnen und Rentnern deutlich zunimmt. Das betrifft nicht nur die meisten europäischen Volkswirtschaften, sondern auch China. Denn das Land hatte seit den 1960er-Jahren eine Ein-Kind-Politik verfolgt und diese erst sehr spät gelockert.

Es gibt vier unterschiedliche Mechanismen, wie dies in den kommenden Jahren zu einem Problem mit einer hohen Inflation führen könnte. Zum einen führt die Alterung zu einer Abnahme der Ersparnisse, da Menschen im Lebenszyklus vorhandene Ersparnisse aufbrauchen, wenn sie in die letzte Lebensphase eintreten, und der Konsum steigt. Wenn die Investitionen der Unternehmen gleichzeitig gering bleiben, da die Perspektiven auf einen wachsenden Absatz nicht gut sind, nimmt der Druck auf die Preise zu, da eine gewachsene Nachfrage einem begrenzten Angebot gegenübersteht.

Der zweite Mechanismus wirkt über die Löhne: Weniger Beschäftigte führen zu einem zunehmenden Fachkräftemangel. Die Verhandlungsmacht, die in der Phase der Hyper-Globalisierung hin zu den Unternehmen verschoben wurde, verlagert sich wieder zurück zu den Beschäftigten und Gewerkschaften, die durch diese Knappheit höhere Löhne und bessere Arbeitsbedingungen aushandeln können. Dies könnte Unternehmen im Gegenzug dazu zwingen, ihre Preise zu erhöhen. Im Extremfall könnte es sogar zu einer Lohn-Preis-Spirale kommen, bei der sich Löhne und Preise gegenseitig hochschaukeln. Das folgende Kapitel analysiert diesen Mechanismus im Detail.

Der dritte Mechanismus funktioniert durch die Deglobalisierung: Zunehmende Handelskonflikte, Nationalismus und Protektionismus haben schon in den vergangenen Jahren dazu geführt, dass der Welthandel stagniert hat und teilweise geschrumpft ist. Wenn sich dies fortsetzen sollte, werden Unternehmen wieder mehr einheimisch produzieren müssen, sich weniger spezialisieren können und dadurch auch höhere Kosten verursachen. Dies würde die Produktivität beschränken und könnte somit auch zu einem Anstieg der Inflation führen.

Der vierte Mechanismus entsteht über die Staatsverschuldung: Die Anzahl der Beschäftigten und Jobs schrumpft, während die Belastung für den Sozialstaat durch die demografische Entwicklung deutlich zunimmt. Gerade in Ländern wie Deutschland, die einen starken Sozialstaat haben, wird der Staat einen immer höheren Anteil der Wirtschaftsleistung in Form von Sozialleistungen – wie der gesetzlichen Rente, der Pflege und der Gesundheit – an Rentnerinnen und Rentner umverteilen müssen. Dies wird die Staatsfinanzen noch stärker belasten und die Verschuldung erhöhen, mit steigendem Risiko von Staatsinsolvenzen und Finanzkrisen, die im Extremfall die Inflation beflügeln könnten.

Diese vier Mechanismen könnten durch ein schwerwiegendes Politik-Dilemma der Notenbanken verstärkt werden. Eine hohe Verschuldung von Unternehmen und Staaten könnte es den Zentralbanken sehr schwer machen, ihre geldpolitischen Zügel anzuziehen und die Zinsen deutlich zu erhöhen. Denn ein abrupter Anstieg der Zinsen, um der Inflation Einhalt zu gebieten, könnte das Verschuldungsproblem der Regierungen und Unternehmen verschärfen und im schlimmsten Fall die genannten Schulden- und Finanzkrisen auslösen. Wenn aber Zentralbanken – wie sie bereits jetzt wiederholt angedeutet haben – ihre expansive Geldpolitik beibehalten, um ein solches Risiko zu vermeiden, könnte die Inflation noch schneller und stärker steigen, als es sonst der Fall wäre.

Genauso wie die Inflation durch diese vier Mechanismen steigen würde, könnte dadurch auch die Ungleichheit von Einkommen und Löhnen innerhalb von Gesellschaften wieder sinken. Denn ein Fachkräftemangel und weniger Druckpotenzial durch die Verlagerung von Steuerlasten oder Produktionsstätten ins Ausland bedeuten eine Verschiebung der Verhandlungsmacht von Unternehmen hin zu Beschäftigen und auch der nationalen Politik.

Globalisierung mit Potenzial

Dieses Szenario einer steigenden Inflation und einer abnehmenden Ungleichheit mit den beschriebenen vier Mechanismen ist plausibel, aber gleichzeitig auch alles andere als zwingend. Es gibt genauso gute, wenn nicht sogar bessere Gründe, warum Zinsen und Inflation auch in Zukunft niedrig und private Ersparnisse und die Ungleichheit von Einkommen und Vermögen hoch bleiben werden.

Die Annahme einer Deglobalisierung und zunehmender

Handelskonflikte ist alles andere als gesichert. Zum einen ist die wirtschaftliche Abhängigkeit aller großen Volkswirtschaften – insbesondere die der Europäischen Union, Chinas und der USA – mittlerweile so groß, dass ein Rückgang oder selbst eine Stagnation der Handelsströme alle drei empfindlich treffen würde. Selbst der frühere US-Präsident Donald Trump hat schmerzvoll erfahren müssen, dass er in einem Handelskonflikt mit China einen hohen Preis zu zahlen hat.

Wir dürfen auch nicht vergessen, dass noch immer große Teile der Welt effektiv nicht Teil des Weltwirtschaftssystems sind. Indien ist mit 1,4 Milliarden Menschen bevölkerungsmäßig genauso groß wie China, hat wirtschaftlich jedoch kaum ein Viertel der Größe Chinas. Auch Länder wie Indonesien (mit fast 300 Millionen Menschen) und Pakistan, Bangladesch und Vietnam (mit jeweils mehr als 100 Millionen Einwohnern) sind noch wenig integriert.

Und hinzu kommt Afrika, das mit einer Milliarde Menschen und einem enorm starken Bevölkerungswachstum früher oder später Teil der Weltwirtschaft sein und sich am globalen Handel beteiligen wird.

Die wirtschaftliche Globalisierung ist also noch bei Weitem nicht an ihrem Ende angekommen. Es gilt, sie klüger zu gestalten, einen Missbrauch zu verhindern und die Inklusion gerade für die schwächsten Menschen und Volkswirtschaften sicherzustellen. Aber das Potenzial, Hunderte Millionen Menschen aus der Armut zu ziehen und vielen anderen bessere Lebensbedingungen zu ermöglichen, ist enorm und wird die Globalisierung weiter vorantreiben.

Aus all diesen Gründen ist eine hohe Inflation durch Demografie und Deglobalisierung zwar eine Möglichkeit für die kommenden Jahre, jedoch eher unwahrscheinlich. Beide Trends können von der Politik beeinflusst und gestaltet werden. Es liegt also am politischen Willen, die Risiken zu erkennen und abzuwenden.

Lohninflation und Fachkräftemangel als Chance

Immer wieder warnen Wirtschaft und Politik vor einem Fachkräftemangel: Die Zukunftsfähigkeit der deutschen Wirtschaft und der Wohlstand unseres Landes seien dadurch gefährdet. Denn wenn es immer weniger Beschäftigte gibt, müssen Unternehmen auch immer höhere Löhne zahlen und bessere Arbeitsbedingungen anbieten. Dies erfordert dann wiederum einen stärkeren Anstieg der Preise, damit Unternehmen die höheren Kosten abdecken können. Und wenn diese gestiegenen Preise dann wiederum dazu führen, dass Gewerkschaften für ihre Mitglieder ein stärkeres Lohnwachstum verlangen, dann entsteht die Gefahr einer Lohn-Preis-Spirale, also eine durch den Fachkräftemangel verursachte Inflation.

Aber wie groß ist dieses Risiko? Wird der Fachkräftemangel zu einem Treiber der Inflation in Deutschland und Europa? Auch wenn die genannten Argumente nicht von der Hand zu weisen sind, gibt es eine überzeugende andere Perspektive, die den Arbeitskräftemangel nicht als Bedrohung, sondern als Chance erkennen lässt. Der mit dem demografischen Wandel zunehmende Fachkräftemangel könnte der wichtigste Impuls für eine Qualifizierungsoffensive und Investitionen in produktivere Arbeitsplätze sein – ein Impuls, der mittelfristig nicht nur dazu beiträgt, die deutsche Wirtschaft zu modernisieren, sondern auch, die soziale Polarisierung zu reduzieren.

Zuwanderung und der Fachkräftemangel

Die Arbeitslosigkeit in Deutschland befindet sich seit Jahren – trotz Pandemie – auf einem so niedrigen Niveau, wie wir es zuletzt vor vierzig Jahren hatten. Viele Unternehmen suchen händeringend nach Beschäftigten. Vor der Pandemie gab es zeitweise mehr als eine Million offener Stellen.

Der Begriff »Fachkräftemangel« ist allerdings irreführend, es handelt sich eher um einen Arbeitskräftemangel. Denn Unternehmen suchen nicht nur Ingenieurinnen und Programmierer, sondern auch Menschen mit geringen Qualifikationen. Reinigungskräfte sind ebenso gefragt wie Kurierfahrerinnen und -fahrer. Dass die Einführung des Mindestlohns 2015 und die folgenden Erhöhungen so gut wie keine Arbeitsplätze gekostet, sondern zu deutlichen Lohnsteigerungen geführt haben, ist genau diesem Umstand zu verdanken.

Der Chef der Bundesagentur für Arbeit, Detlef Scheele, prophezeite, dass Deutschland im kommenden Jahrzehnt eine Zuwanderung von 400 000 Arbeitskräften im Jahr benötigen werde, damit der zunehmende Arbeitskräftemangel halbwegs begrenzt werden könne. Eine so starke Zuwanderung dürfte sich allerdings als illusorisch erweisen, zumal einige Politikerinnen und Politiker auch aus ideologischen Gründen mehr Migrantinnen und Migranten verhindern.

Hinzu kommt, dass das sogenannte Fachkräfteeinwanderungsgesetz, das vor knapp zwei Jahren in Kraft trat, die Hürden für eine Zuwanderung von außerhalb der EU enorm hoch legt: Die Menschen müssen nicht nur gute Sprachkenntnisse und eine ausreichende finanzielle Absicherung nachweisen, sie brauchen auch erhebliche Qualifikationen. All das bewirkt, dass nur sehr wenige Menschen aus dem Ausland über dieses Gesetz nach Deutschland kommen.

Die Bedenken vieler Unternehmen, sie könnten in Zukunft wichtige Positionen nicht mehr besetzen und somit in globalen Märkten und an Wettbewerbsfähigkeit verlieren, sind insofern gerechtfertigt. Die spannende und wichtige Frage ist jedoch, wie Unternehmen auf den Fachkräftemangel reagieren und was dies für Deutschland bedeuten wird.

Der Mangel als Impuls

Es gibt vier Gründe, warum der Arbeitskräftemangel unserem Land einen wichtigen Modernisierungsimpuls geben könnte.

Der erste Grund ist, dass er die Verhandlungsmacht der Arbeitnehmerinnen und Arbeitnehmer und damit ihre Löhne erhöht. Unternehmen werden daher versuchen, bestimmte Arbeitsplätze durch Maschinen oder automatisierte Prozesse zu ersetzen. Wo dies nicht möglich ist, werden sie so investieren wollen, dass ihre Arbeitskräfte produktiver werden und sich somit die höheren Löhne und Arbeitskosten rechnen. Ein Wegfall bestimmter Arbeitsplätze – häufig solcher, die sehr mechanisch und körperlich anspruchsvoll sind – muss per se nicht schlecht sein, wenn die betroffenen Menschen anderswo bessere und besser bezahlte Arbeit finden.

Genau dies ist die Erfahrung mit der Einführung des Mindestlohnes 2015: Die höheren Löhne haben zu einer Reallokation von Beschäftigten hin zu produktiveren und besser bezahlten Arbeitsplätzen und Unternehmen geführt und netto so gut wie keine Beschäftigung gekostet.

Der zweite Vorteil ist die sich damit verändernde Wertschätzung für bestimmte Berufe, die besonders stark von einem solchen Mangel betroffen sind. Vor allem dem Menschen nahe, persönliche Dienstleistungen wie in den Pflegeberufen waren und sind in Deutschland relativ schlecht entlohnt – auch im Verhältnis zu der erforderlichen Verantwortung und Belastung.

Der Fachkräftemangel in der Pflege hat schon jetzt die Löhne erhöht und die Arbeitsbedingungen verbessert, auch wenn noch weiterer Nachholbedarf besteht. Das Beispiel zeigt, dass der Fachkräftemangel zu einer gesteigerten Wertschätzung, besseren Löhnen und Arbeitsbedingungen führt. Infolgedessen dürften sich auch mehr Menschen für diese Arbeitsplätze entscheiden, die für unsere Gesellschaft unabdingbar sind.

Die dritte Chance ist, dass ein Arbeits- und Fachkräftemangel die Lohnquote erhöht, also ein größerer Anteil der Wertschöpfung in Zukunft wieder den Arbeitnehmerinnen und Arbeitnehmern zugutekommt und weniger den Anteilseignern der Unternehmen. Höhere Löhne bedeuten für viele Menschen nicht nur einen höheren Lebensstandard und mehr Sicherheit, sondern werden den Konsum anschieben und damit das Wachstum stärken und den Wohlstand sichern helfen. Dies wird zwar den Anstieg der sozialen Polarisierung bei Einkommen und Vermögen der vergangenen Jahrzehnte nicht wieder umkehren, aber zumindest stoppen, und einigen Menschen wieder neue Chancen eröffnen.

Der vierte Vorteil kommt dem Staat zugute, der durch eine bessere Lohnentwicklung und mehr Wirtschaftsleistung auch höhere Steuereinnahmen erzielen wird. Dies entlastet die Sozialsysteme, weil weniger Menschen auf staatliche Leistungen angewiesen sind. Somit hat der Staat mehr Geld, um sich auf die verbleibenden Herausforderungen zu fokussieren, und damit bessere Chancen, diese erfolgreich zu bewältigen.

Der Arbeitskräftemangel ist also nicht nur ein Grund zur Sorge, sondern wird auch viele positive Impulse setzen: bessere Arbeitsplätze, mehr Wertschätzung, eine höhere Lohnquote und mehr Steuereinnahmen. Er sollte von Wirtschaft und Politik als Chance verstanden werden, unsere Wirtschaft zu modernisieren, was dringend erforderlich ist. Nur so werden wir im globalen Kontext wettbewerbsfähig bleiben und der sozialen Polarisierung entgegenwirken.

7.

GELD, GLÜCK UND DER GESELLSCHAFTSVERTRAG

Macht Geld glücklich? Ist unsere deutsche Obsession des Sparens, der Angst vor Schulden und Inflation hilfreich, um ein besseres Leben zu führen? Was bedeutet unser Verhältnis zum Geld für den gesellschaftlichen Zusammenhalt? Und wird unser Umgang damit künftigen Generationen gerecht?

Ein kritischer Blick auf diese Fragen ist wichtig, um zu verstehen, ob – und wenn ja, wie – wir uns als Gesellschaft verändern müssen und was die Politik tun kann, um diese Veränderung herbeizuführen. Jeder Einzelne von uns sollte sich fragen, ob sein oder ihr Umgang mit Geld hilft, glücklicher und selbstbestimmt zu leben, und was passieren würde, wenn wir ein anderes Verhältnis zum Sparen und zu Schulden, zu Inflation und Zinsen hätten. Unser Verhältnis zu Geld ist wesentlich, um zu verstehen, wie unser Gesellschaftsvertrag funktioniert und wie wir ihn neu gestalten müssen, um die Ziele zu erreichen, die uns wirklich wichtig sind.

Geld und Glück

Unzählige wissenschaftliche Studien haben den Zusammenhang von Glück und Geld analysiert. Das ist schwierig, weil Glück und Zufriedenheit des Einzelnen von vielen Faktoren abhängen und eine Kausalität nicht immer klar identifiziert werden kann.

Eine erste wichtige Unterscheidung ist die zwischen Glück und Zufriedenheit. Die meisten Umfragen zum Thema Glück versuchen, die emotionale Dimension des eigenen Empfindens zu messen, die sich häufig auf die Erfahrung in der Gegenwart fokussiert. Zufriedenheit hingegen soll eine bewertende, kognitive Dimension sein. Sie ist also eine eher rationale, reflektierende Einschätzung über den Verlauf des eigenen Lebens.

Interessant dabei ist, dass Menschen in Deutschland im internationalen Vergleich ein relativ niedrigeres Niveau beim Glück, also auf der emotionalen Ebene, angeben, dagegen aber ein vergleichsweise hohes Niveau an Zufriedenheit mit ihrem Leben äußern.

Die Verbindung zwischen Geld und Glück ist schwer zu beschreiben, denn Glück wird, wie gesagt, von vielen Faktoren beeinflusst. Die Glücksforschung zeigt, dass Menschen, die gesünder sind, eine Familie haben, nicht einsam sind, sondern ein starkes soziales Umfeld haben, mit ihrer Arbeit zufrieden sind und in einer intakten Umwelt leben, generell deutlich glücklicher sind. Aber fast nichts von diesen essenziellen Voraussetzungen für Glück und Lebenszufriedenheit wird systematisch gemessen und erfasst. Damit spielt es auch bei den politischen und gesellschaftlichen Entscheidungen meist eine untergeordnete Rolle.

Das muss nicht so sein. Großbritannien hat ein staatliches Ministerium zu Einsamkeit, Länder wie Bhutan setzen sich die

Maximierung von Glück und Lebenszufriedenheit der Bürger als offizielles Ziel. Es ist jedoch schwierig, diese Konzepte so greifbar zu machen, dass sie zu konkreten Handlungsempfehlungen und politischen Veränderungen führen.

Immer mehr Einigkeit wurde in den vergangenen Jahren darüber erzielt, dass eine intakte Umwelt und ein intaktes Klima zur Lebenszufriedenheit der Menschen beitragen. Eine hitzige Debatte entstand hinsichtlich der Frage, ob das Wachstum des Bruttoinlandsprodukts (BIP), das in Geldeinheiten gemessen wird, eine legitime Zielgröße für staatliches Handeln sein soll oder nicht. Unstrittig ist, dass ein solcher, in Geld gemessener Indikator ein zumindest sehr unvollständiges, wenn nicht sogar schlechtes und auch fehlgeleitetes Konzept ist, um politisches und soziales Handeln allein legitimieren zu können.

Trotzdem konnte sich gegen die finanziellen Konzepte der Wirtschaftsprognosen, die eine beachtliche öffentliche Aufmerksamkeit erhalten – wie sie auch am DIW Berlin erstellt werden –, noch kein anderer Indikator durchsetzen. Es ist auch als Wissenschaftler sehr schwer, in der Öffentlichkeit zu vermitteln, dass solche in Geld ausgedrückten Indikatoren zwar hilfreich sein können, um die wirtschaftliche Entwicklung zu beschreiben, diese allein jedoch nicht das Ziel politischen Handelns sein können.

Ungleiche Verteilung von Glück innerhalb und zwischen Gesellschaften

Glück ist auch über andere Dimensionen sehr ungleich innerhalb von Gesellschaften verteilt. So sind Männer in den meisten Gesellschaften durchschnittlich glücklicher als Frauen. Das war in westeuropäischen Gesellschaften und auch in Deutschland nicht immer so. In den 1970er-Jahren beispielsweise waren Frauen durchschnittlich glücklicher und zufriedener als Männer. Heute hat sich das umgedreht; und obwohl sowohl Frauen als auch Männer angeben, glücklicher und zufriedener zu sein, als dies noch vor fünfzig Jahren der Fall war, war der Anstieg bei Frauen deutlich geringer. Das mag auf den ersten Blick überraschen, denn es gab viele Fortschritte bei der Gleichstellung, und Frauen haben heute deutlich mehr Möglichkeiten und Chancen, gerade auch im Berufsleben.

Auch wissenschaftlich wird über die Ursachen dieses vermeintlichen Widerspruchs gestritten. Demnach scheinen Zeit und Zeitautonomie wichtige Faktoren zu sein für Glück und Lebenszufriedenheit des Einzelnen. Sie sind die beiden zentralen Gründe für diese aufgehende Schere.

Zudem sind Menschen in einer freien, demokratischen Gesellschaft meist deutlich glücklicher als in einer autokratischen oder sozialistischen Gesellschaft, auch wenn man Unterschiede in der Wirtschaftsleistung berücksichtigt.

Komplexer ist es beim Alter: Jüngere und ältere Menschen sind durchschnittlich glücklicher mit ihrem Leben als Menschen im mittleren Alter.

Auch regional gibt es erhebliche Unterschiede innerhalb von Gesellschaften. Selbst dreißig Jahre nach der Wiedervereinigung besteht noch immer ein relativ großer Unterschied in der Zufriedenheit zwischen Menschen in Ost- und Westdeutschland. Er bleibt bestehen, auch wenn man andere Faktoren berücksichtigt, die diese Zufriedenheit beeinflussen, wie beispielsweise Einkommen, Gesundheit, Arbeitslosigkeit, Arbeitszeit, Unsicherheit und Alter.

Auch zwischen Vermögen und Glück kann ein Zusammenhang identifiziert werden. So zeigt eine Studie des DIW Berlin einen erstaunlich starken Unterschied in der allgemeinen Lebenszufriedenheit zwischen Millionären und anderen Gruppen. Menschen in der unteren Hälfte der Vermögensverteilung sind nur etwas weniger zufrieden als Menschen in der oberen Mittelschicht, die wiederum etwas weniger zufrieden sind als Wohlhabende.

Der allergrößte Anstieg der Lebenszufriedenheit trifft jedoch auf Millionärinnen und Millionäre zu. Dazu muss man wissen, dass fast drei von vier dieser Hochvermögenden selbstständig sind (73 Prozent), dass sie überwiegend männlich sind (69 Prozent), in Westdeutschland leben (94 Prozent), keinen Migrationshintergrund haben (86 Prozent), überwiegend gut gebildet und mittleren oder höheren Alters sind.

Einen Trost gibt es für alle von uns, die keine großen Vermögen haben: Millionärinnen und Millionäre haben weniger Spaß in ihrem Leben, so scheint es: Sie sind nicht zufriedener mit ihrer Freizeit und sogar weniger zufrieden als Menschen, die wohlhabend sind. Vielleicht liegt das auch daran, dass sie sehr viel mehr arbeiten als andere: im Durchschnitt 47 Stunden pro Woche, im Vergleich zu den 37 Stunden anderer Bürgerinnen und Bürger. Insgesamt scheint zu gelten: Geld führt doch zu mehr Zufriedenheit, allerdings vor allem dann, wenn Menschen sehr viel mehr Geld haben.

Armutsrisiko nicht nur eine Frage des Geldes

Auf der anderen Seite bedeutet Armut für die meisten Betroffenen deutlich weniger Glück und Zufriedenheit. Es sind also die beiden Extreme, bei denen es die stärkste Korrelation zwischen

Glück und Geld zu geben scheint. Der wichtige Unterschied ist jedoch: Es gibt sehr viel mehr Menschen, die von Armut gefährdet sind, als solche, die als hochvermögend gelten. So ist jedes fünfte Kind in Deutschland zurzeit von Armut bedroht, jedes dritte Kind macht diese Erfahrung früher oder später in seiner Kindheit.

Dabei ist das Armutsrisiko nicht nur eine Frage des Geldes. Es geht vor allem um soziale und kulturelle Teilhabe. Dazu gehören neben den Wohnverhältnissen, Nahrung, Kleidung, Konsumgütern (wozu auch der Zugang zu einem Computer mit Internetanschluss gehört) und einer ausreichenden Finanzausstattung eben auch soziale und kulturelle Dinge: mit Freunden ins Kino zu gehen, sie nach Hause zum Essen einzuladen oder einmal im Jahr für mindestens eine Woche in den Urlaub fahren zu können zum Beispiel. Zwei von drei Kindern aus von Armut gefährdeten Familien geben an, bestimmte Freizeitbeschäftigungen nicht ausüben zu können, auch weil ihnen das Geld dafür fehlt.

Besonders hoch ist das Armutsrisiko für Kinder von Alleinerziehenden: In stabilen Ein-Eltern-Haushalten sind zwei von drei Kindern früher oder später von Armut bedroht. Es sind meist alleinerziehende Mütter, die diese Situation betrifft. Denn sie haben häufig das Problem, dass sie nach einer unterbrochenen Erwerbsbiografie wieder Zugang zum Arbeitsmarkt finden müssen. Häufig können sie das nur in Teilzeit, nicht selten, weil das Betreuungsangebot an Schulen und Kitas eine Vollzeitbeschäftigung nicht zulässt.

Wenn wir also die Verbindung zwischen Geld und Glück verstehen wollen, müssen wir viele Faktoren berücksichtigen. Und die allermeisten Dinge sind nicht mit Geld zu kaufen, auch wenn sie von Geld nicht unabhängig sind.

Glück und gesellschaftlicher Zusammenhalt

In Gesellschaften, in denen ein hoher wirtschaftlicher Wohlstand herrscht, die also eine hohe Produktivität und hohe Durchschnittseinkommen aufweisen, leben auch im Durchschnitt glücklichere Menschen. Die Unterschiede bezüglich Glück und Lebenszufriedenheit sind zwischen Gesellschaften jedoch deutlich geringer als innerhalb von Gesellschaften.

Als Beispiel: Eine Indonesierin der oberen Mittelschicht ihrer eigenen Gesellschaft mag absolut, materiell gesehen in Bezug auf ihre Arbeit, Familie, Gesundheit und so weiter, nicht besser dastehen als jemand, der oder die hinsichtlich des Einkommens zur unteren Mittelschicht oder Unterschicht in Deutschland gehört. Trotzdem ist die Indonesierin – statistisch und im Durchschnitt – glücklicher und zufriedener als die gleiche Person in Deutschland.

Die Ursache für diese deutlich größeren Unterschiede bei Glück und Lebenszufriedenheit innerhalb von Gesellschaften hat meist nichts mit Neid oder Gier zu tun. Sie hängt mit der Tatsache zusammen, dass der Mensch ein soziales Wesen ist und das Bedürfnis hat, Teil einer Gemeinschaft zu sein. Glück hat also meist wenig direkt mit Geld zu tun, sondern mit sozialer Teilhabe, mit Respekt, Anerkennung und individueller Wertschätzung. Und diese haben sehr viel mit der Stellung innerhalb der Gesellschaft zu tun.

Gleichzeitig zeigt sich, dass die große Mehrheit der Menschen durchaus ein hohes Maß an Altruismus hat. Glück wird also nur zum Teil durch die eigenen Umstände bestimmt, sondern auch durch die Wahrnehmung von Gerechtigkeit, Solidarität und gesellschaftlichem Zusammenhalt. Seit der Wiedervereinigung waren nie so viele Deutsche mit ihrem persönlichen Leben zufrieden wie Ende der 2010er-Jahre, also kurz vor der Pandemie. Gleichzeitig waren mit 70 Prozent selten so viele unzufrieden mit der sozialen Ungleichheit und dem gesellschaftlichen Zusammenhalt.

Dass die Menschen mit ihrem persönlichen Leben sehr zufrieden und mit dem Zustand der Gesellschaft sehr unzufrieden sind, ist kein Widerspruch, sondern eine recht gute Beschreibung der Situation in Deutschland heute. Dies hat drei Gründe:

Zum einen spiegelt es eine zunehmende Polarisierung der Gesellschaft. Einem signifikanten Teil geht es heute besser als noch vor dreißig Jahren. Zum anderen sagen die Umfragen zur individuellen Zufriedenheit etwas über das gegenwärtige Empfinden aus, nichts aber über die Hoffnungen, Sorgen und Ängste für die Zukunft. Auch das zeigt sich in vielen Studien deutlich: Die Menschen machen sich zunehmend Sorgen um ihre Zukunft, darum, was mit ihrer Arbeit passieren, ob es den eigenen Kindern gut gehen wird, ob die Rente sicher ist und sie ihren Lebensstandard werden halten können, ob Gewalt und Kriminalität zunehmen werden. Die nicht unberechtigte Wahrnehmung vieler ist: Wir leben in goldenen Jahren, die nicht ewig anhalten werden.

Der dritte und vielleicht wichtigste Grund ist, dass es vielen Menschen eben nicht nur um ihre ganz persönliche wirtschaftliche und finanzielle Lage geht, sondern dass sie in einer Gesellschaft leben wollen, die einen Ausgleich schafft und allen eine soziale Absicherung bietet. Wenn viele Menschen sagen, dass es ihnen persönlich zwar gut gehe, sie sich aber Sorgen um die soziale Ungleichheit und den gesellschaftlichen Zusammenhalt machen, ist dies also kein Widerspruch, sondern reflektiert den

Wunsch, die eigene Zufriedenheit zu teilen. Das ist eine ermutigende Botschaft: Solidarität und gesellschaftlicher Zusammenhalt sind den Menschen in Deutschland wichtig.

Soziale Polarisierung und der Gesellschaftsvertrag

Und genau um diesen gesellschaftlichen Zusammenhalt ist es heute nicht gut bestellt. Nicht zufällig wird die Mittelschicht das Rückgrat oder die Basis einer jeden Gesellschaft genannt. Es sind gerade die Menschen mit mittleren Einkommen und Vermögen, die die Mitte der Gesellschaft ausmachen und sie prägen, aber auch zusammenhalten. Tatsache ist aber: Die Mittelschicht ist in den vergangenen 25 Jahren deutlich geschrumpft – und dies in keinem vergleichbaren Industrieland so stark wie in Deutschland. Selbst in den USA nicht, so zeigt eine Studie der Organisation für wirtschaftliche Zusammenarbeit und Entwicklung (OECD) und der Bertelsmann Stiftung. Vor allem die untere Einkommensschicht ist deutlich gewachsen.

In anderen Worten: Geld polarisiert und spaltet. Wir sehen eine zunehmende finanzielle Polarisierung, die auch die Gesellschaft zunehmend sozial, wirtschaftlich und politisch spaltet.

Die eine Seite der Kommentatoren wiegelt ab, eine schrumpfende Mittelschicht sei kein Problem und habe gute Erklärungen. Die andere Seite sieht darin eine zunehmende soziale Polarisierung und das Spiegelbild abnehmender Chancengleichheit und sozialer Mobilität. Und in der Tat ist die schrumpfende Mittelschicht ein viel größeres Problem, als viele wahrnehmen, und könnte sich für Deutschland in den kommenden Jahren rächen.

Die Zahlen und Fakten sprechen eine klare Sprache: Die Mittelschicht in Deutschland (definiert über ein monatliches Nettoeinkommen für eine vierköpfige Familie zwischen 3000 und 8000 Euro) ist von 70 Prozent der Gesamtbevölkerung 1995 auf 64 Prozent im Jahr 2018 geschrumpft. Dies wird vor allem durch eine abnehmende »untere Mittelschicht« (Einkommen zwischen 3000 und 4000 Euro) erklärt, die in die untere Einkommensschicht (Einkommen von weniger als 3000 Euro) abgerutscht ist. Die Gruppe der Spitzenverdienerinnen (Einkommen von mehr als 8000 Euro) ist dagegen gewachsen.

Das heißt im Klartext: Die Polarisierung bei den Einkommen nimmt zu. Eine vielleicht noch wichtigere Botschaft ist jedoch eine andere: Diese zunehmende soziale Polarisierung ist vor allem auch ein Resultat von abnehmender Chancengleichheit und sozialer Mobilität. Zwar mag ein hohes Maß an Ungleichheit per se problematisch sein. Noch schwieriger ist es jedoch, wenn dies durch eine abnehmende Chancengleichheit in der Gesellschaft verursacht wird, also das Einkommen immer weniger durch eigene Entscheidungen bestimmt wird, sondern durch die Herkunft, das Geschlecht, die Hautfarbe oder die sexuelle Orientierung. Und auch das zeigt die Studie: Es sind vor allem Frauen, die einen besonders großen Teil der Menschen mit geringen Einkommen ausmachen.

Die abnehmende soziale Mobilität betrifft immer stärker junge Menschen: Haben in den 1980er- und 1990er-Jahren noch 71 Prozent der damaligen 30- bis 39-Jährigen (Babyboomer) den Aufstieg in die Mittelschicht geschafft, so gelingt dies heute nur noch 61 Prozent dieser Altersgruppe (Millennials).

Aber auch für andere Gruppen hat die soziale Mobilität deutlich abgenommen und ist gering. Drei von vier Menschen, die vor vier Jahren von Armut betroffen waren, leben auch heute noch in Armut oder sind zumindest von Armut bedroht. Die größte Persistenz hinsichtlich der Einkommen gibt es jedoch bei den Spitzenverdienern: Zwei von drei Menschen, die vor vier Jahren zu den Topverdienern gehörten, gehören auch heute noch dieser Gruppe an. Ein Rückgang der Einkommen ist selten für sie und geschieht meist dann, wenn sie aus dem aktiven Arbeitsleben in die Rente wechseln.

Chancengleichheit als zentrales Problem

Eine zentrale Ursache für abnehmende soziale Mobilität ist die zunehmende Bedeutung von Bildung. Der Anteil junger Menschen mit einem niedrigen und mittleren Bildungsniveau, die es in die Mittelschicht schaffen, nimmt dramatisch ab. Das Spiegelbild der zunehmenden Polarisierung und der seit 1995 gewachsenen Gruppe von Menschen mit geringen Einkommen und Armutsgefährdung sind der gewachsene Niedriglohnsektor sowie der deutlich größere Anteil prekärer Beschäftigung wie Minijobs.

Auch die hohe Vermögensungleichheit in Deutschland, wie gesagt, eine der höchsten der Industrieländer, spielt eine erhebliche Rolle. Denn ein immer größerer Teil des Vermögens wird vererbt, meistens an Menschen, die bereits ein hohes Einkommen und Vermögen haben. Somit steigt auch der Anteil der Kapitaleinkommen für die Spitzenverdiener. Das bedeutet, dass ein steigender Anteil von Menschen mit ohnehin sehr hohen Einkommen aus Erträgen von Vermögen wie Immobilien, Aktien oder Unternehmen stammt – und ein abnehmender Teil von der eigenen Hände Arbeit. Auch dies reduziert die Einkommensmobilität und trägt zur Polarisierung der Gesellschaft bei.

Man sollte auch auf die Kritik an dieser Analyse eingehen. Drei Gegenargumente werden immer wieder prominent betont:

Zum einen wird behauptet, die Ungleichheit bei den Einkommen habe seit 2005 nicht oder nicht mehr erheblich zugenommen, und die Mittelschicht sei nicht weiter geschrumpft.

Darauf gibt es zwei Antworten: Zum einen ist es verzerrend, das Krisenjahr 2005 als Maßstab zu nehmen, denn damals war Deutschland der »kranke Mann Europas« und hatte über fünf Millionen Arbeitslose – und damit ungewöhnlich viele Menschen mit geringen Einkommen.

Und zum anderen würde man erwarten, dass ein Anstieg der sozialen Polarisierung in schlechten Zeiten eine entsprechende Abnahme der Ungleichheit von Einkommen, Vermögen und Chancen in guten Zeiten zur Folge haben sollte. Und genau das ist nicht geschehen: Trotz Wirtschaftsboom, Rekordbeschäftigung und Einführung des Mindestlohns in den 2010er-Jahren hat die gesellschaftliche Polarisierung eben nicht abgenommen.

Das zweite Gegenargument lautet: Der Anstieg der Polarisierung und die schrumpfende Mitte unserer Gesellschaft seien zum Teil durch die starke Zuwanderung zu erklären. Diese Menschen hätten nun mal häufig geringe Qualifikationen und würden somit die Gruppe der Geringverdiener vergrößern.

Aber auch dieses Argument ist nicht stimmig und zeugt von einem sehr verzerrten Bild der Gesellschaft. Zwar gibt es heute mehr Menschen mit Migrationsgeschichte als noch vor 25 Jahren; gleichzeitig ist jedoch auch das generelle Bildungsniveau deutlich höher. Somit hätten viel mehr Menschen mit besseren Qualifikationen, und zwar solche mit und ohne Migrationsgeschichte, den Aufstieg bei Einkommen und Vermögen schaffen müssen, als Menschen mit geringer Qualifikation und Migrationsgeschichte hinzugekommen sind.

Eine solche Kritik zeugt auch von einem zweifelhaften Bild der Gesellschaft und des Gesellschaftsvertrags. Warum sollen wir Menschen mit Migrationsgeschichte in der Betrachtung unserer Gesellschaft und bei Verteilungsfragen anders behandeln als solche, die keine Migrationsgeschichte haben?

Bei der Verteilung von Einkommen und Vermögen geht es um Gerechtigkeit, wirtschaftliche Chancen und Effizienz und vor allem auch um soziale Teilhabe. Eine schrumpfende Mittelschicht und eine zunehmende Gruppe von Menschen in Armut oder mit Armutsrisiko sind ein existenzielles Problem für eine jede Gesellschaft – sowohl sozial als auch wirtschaftlich und politisch.

Durch die Corona-Pandemie wird das Problem der sozialen Polarisierung in den kommenden Jahren deutlich verschärft. Zahlreiche Studien zeigen, dass vor allem Kinder und Jugendliche aus einkommensschwächeren Familien in Bezug auf Bildung, Gesundheit und Chancen besonders großen Schaden erlitten haben und dies noch immer tun. Auf dem Arbeitsmarkt sind insbesondere Menschen mit prekären Jobs und Soloselbstständige gefährdet. Alles deutet darauf hin, dass die Pandemie Beschleuniger einer weiterhin schrumpfenden Mittelschicht sein wird – ebenso wie die anstehende wirtschaftliche Transformation hinsichtlich Digitalisierung.

Als Drittes wird von Kritikern eingewandt, die Tatsache einer schrumpfenden Mittelschicht sei nicht wirklich relevant, denn auch die Renten und Einkommen der Menschen im Niedriglohnsektor seien in den vergangenen zehn Jahren gestiegen, auch dank des Mindestlohns.

Dies ist vielleicht der wichtigste Punkt der Kritik. Die Diskussion um Ungleichheit von Vermögen, Einkommen und Chancen stößt immer wieder auf Unverständnis. Viele sehen die Verteilungsfrage als nicht wirklich relevant an. Sie wenden ein, Deutschland sei ein extrem reiches Land mit einem starken Sozialstaat, der allen Menschen eine auskömmliche Lebensgrundlage bietet.

Dazu lässt sich sagen: Natürlich ist Deutschland ein sehr reiches Land, neben einigen nordischen Ländern und wenigen anderen einer der stärksten Sozialstaaten der Welt. Aber dies ist nicht der Punkt, kaum jemand bestreitet dies. Im Kern geht es um die Frage von Glück, Lebenszufriedenheit, und wie wir als Gesellschaft zusammenleben wollen und Solidarität definieren.

Das Problem einer zunehmenden Polarisierung bezüglich Geld und Vermögen ist meist nicht, dass Menschen mit geringen Einkommen hungern müssen, keine medizinische Versorgung erhalten oder kein Dach über dem Kopf haben. Sondern es geht um soziale Teilhabe, darum, ob Menschen die materiellen und nicht materiellen Voraussetzungen haben, um Teil der Gesellschaft sein zu können. Es geht um Eigenverantwortung und darum, ob Menschen ein selbstbestimmtes Leben führen können. Und es geht um Gerechtigkeit, darum, ob Menschen die Verteilung von Chancen und Ressourcen als fair und ausgewogen empfinden.

Die Corona-Pandemie verschärft die Polarisierung

Die Corona-Pandemie wird das Problem der sozialen Polarisierung in den kommenden Jahren deutlich verschärfen. Zahlreiche Studien zeigen, dass vor allem Kinder und Jugendliche aus einkommensschwächeren Familien bei Bildung, Gesundheit und Chancen besonders großen Schaden erlitten haben und dies noch immer tun. Auf dem Arbeitsmarkt sind, wie oben beschrieben, vor allem Menschen mit prekären Jobs und Soloselbstständige besonders gefährdet. Alles deutet also darauf hin, dass die Pandemie – und auch die anstehende wirtschaftliche Transformation in Bezug auf die Digitalisierung – Beschleuniger einer weiterhin schrumpfenden Mittelschicht sein wird.

Auch deshalb muss die Politik die Frage der sozialen Polarisierung viel stärker in den Mittelpunkt rücken, als sie es bisher getan hat. Die gute Nachricht ist, dass wir sehr genau wissen, wie der zunehmenden Polarisierung entgegengewirkt werden kann. Essenzielle Elemente einer Strategie sind eine Verbesserung der Qualität von Bildung und vor allem ausgewogenere Bildungschancen, ein kleinerer Niedriglohnsektor und bessere Löhne und Einkommen vor allem auch für systemrelevante Berufe, ein Steuersystem, das Arbeit weniger stark und Vermögen stärker belastet, sowie ein Sozialsystem, das viel stärker aktivierend wirkt und Chancen eröffnet.

Kurzum, es geht um die Aufgabe, unseren Gesellschaftsvertrag der sozialen Marktwirtschaft so zu reformieren, dass er für alle Menschen funktioniert. Geld und Vermögen sind dafür wichtige Instrumente, können und sollten jedoch nie ein Ziel an sich sein. Denn Geld an sich hat keinen Wert, sondern nur die Dinge, die durch Menschen, auch mithilfe von Geld, möglich gemacht werden. Daher brauchen wir dringend einen rationalen und ehrlichen Diskurs über Geld und Schulden, über Zinsen und Inflation und über das, was für uns als Gesellschaft einen realen und nachhaltigen Wert hat.

DANK

Ein großer Teil des Buches beruht auf meiner Forschung und Arbeit als Wissenschaftler in den vergangenen zwanzig Jahren. In den letzten Jahren habe ich versucht, diese Arbeit einem breiteren Publikum zugänglich zu machen, vor allem durch Kommentare in Zeitungen und anderen Medien.

Ich möchte Christian Franz und Sandra Tubik für ihre exzellente Unterstützung – durch Zahlen, Fakten und fantastische Recherchen – danken. Ich danke Sabine Fiedler für ihre kritischen Kommentare und Gedankenanstöße, die das Buch deutlich verbessert haben. Und ich danke Kathrin Liedtke vom Berlin Verlag und meiner Agentin Barbara Wenner für ihre Unterstützung und große Geduld beim Prozess des Schreibens, Redigierens und Planens.

In den Jahren am DIW Berlin habe ich sehr von den vielen Diskussionen mit meinen Kolleginnen und Kollegen profitiert. Und es ist auch der Austausch mit anderen Wissenschaftlerinnen und Wissenschaftlern im Ausland, die mich immer wieder kritisch hinterfragen lassen, warum wir in Deutschland gewisse Diskussionen anders führen und politische Entscheidungen anders tref fen als anderswo. Gerade dieser kritische Blick von außen ist es, für den ich dankbar bin und der meine Arbeit an diesem Buch entscheidend geprägt hat.

LITERATUR

Adena, Maja, Ruben Enikolopov, Maria Petrova, Veronica Santarosa und Ekaterina Zhuravskaya, »Radio and the Rise of the Nazis in Prewar Germany«, *Quarterly Journal of Economics* 130 (4), 2015, S. 1885–1939.

Andolfatto, David, »Assessing the Impact of Central Bank Digital Currency on Private Banks«, *Federal Reserve Bank of St. Louis Working Paper*, 2018, 2018–26b.

Andreasch, Michael, Marc Peter Radke und Manuel Rupprecht, »Renditen privater Haushalte nach Vermögensgruppen – Deutschland versus Österreich«, *Wirtschaftsdienst*, 100, 2020, 100, S. 446–453.

Auer, Raphael A., Giulio Cornelli und Jon Frost, »Rise of the Central Bank Digital Currencies: Drivers, Approaches and Technologies«, *BIS Working Papers* No. 880, August 2020.

Bach, Stefan, »Grunderbe und Vermögensteuern können die Vermögensungleichheit verringern«, *DIW Wochenbericht* Nr. 50, 2021, S. 807–815.

Bach, Stefan und Sebastian Eichfelder, »Reform der Immobilienbesteuerung: Bodenwerte belasten und Privilegien streichen«, *DIW Wochenbericht* Nr. 27, 2021, S. 463–470.

Balz, Burkhard, »Digitale Transformation des Zahlungsverkehrs«, Rede zum 5. Hessischen Bankentag, 29. April 2021, Deutsche Bundesbank.

Baresel, Kira, Heike Eulitz, Uwe Fachinger, Markus M. Grabka, Christoph Halbmeier, Harald Künemund, Alberto Lozano Alcántara und Claudia Vogel, »Die Hälfte aller Erbschaften und Schenkungen geht an die reichsten zehn Prozent aller Begünstigten«, *DIW Wochenbericht* Nr. 5, 2021, S. 63–76.

Barro, Robert J., José F. Ursúa und Joanna Weng, »The Coronavirus and the Great Influenza Pandemic: Lessons from the ›Spanish Flu‹ for the Coronavirus's Potential Effects on Mortality and Economic Activity«, *NBER Working Paper* No. 26866, 2020.

Bartels, Charlotte, »Top Incomes in Germany, 1871–2014«, *Journal of Economic History* 79 (3), Cambridge University Press 2019, S. 669–707.

Bartels, Charlotte und Carsten Schröder, »Die Bedeutung von Mieteinkommen und Immobilien für die Ungleichheit in Deutschland«, *Wirtschaftsdienst* 100 (10), 2020, S. 741–746.

Becker, Sascha O. und Ludger Woessmann, »Was Weber Wrong? A Human Capital Theory of Protestant Economic History«, *Quarterly Journal of Economics* 124 (2), 2009, S. 531–596.

Bekaert, Geert, Michael Ehrmann, Marcel Fratzscher und Arnaud Mehl, »Global Crises and Equity Market Contagion«, *Journal of Finance* 69 (6), 2017, S. 2597–2649.

Belitz, Heike, Marius Clemens, Marcel Fratzscher, Martin Gornig, Claudia Kemfert, Alexander S. Kritikos, Claus Michelsen, Karsten Neuhoff, Malte Rieth und C. Katharina Spieß, »Mit Investitionen und Innovationen aus der Corona-Krise«, *DIW Wochenbericht* Nr. 24, 2020, S. 442–451.

Benassy-Quere, Agnès, Arnoud Boot, Antonio Fatás, Marcel Fratzscher, Clemens Fuest, Francesco Giavazzi, Ramon Marimon, Philippe Martin, Jean Pisani-Ferry, Lucrezia Reichlin, Dirk Schoenmaker, Pedro Teles und Beatrice Weder di Mauro, »A Proposal for a Covid Credit Line«, *VoxEU.org*, 21. März 2020.

Berger, Helge, Michael Ehrmann und Marcel Fratzscher, »Monetary Policy in the Media«, *Journal of Money, Credit and Banking* 43 (4), 2011, S. 689–709.

Bernanke, Ben, and Harold James, »The Gold Standard, Deflation, and Financial Crisis in the Great Depression: An International Comparison«, *Financial Markets and Financial Crisis*, herausgegeben von R. Glenn Hubbard, Chicago, University of Chicago Press 1991, S. 33–68.

Bindseil, Ulrich, »Tiered CBDC and the Financial System«, *ECB Working Paper Series* No. 2351, January 2020.

Bindseil, Ulrich, Clemens Domnick und Jörg Zeuner, »Critique of Accommodating Central Bank Policies and the ›Expropriation of the Saver‹ – A Review«, *Occasional Paper Series* No. 161, 2015.

Blanchard, Olivier, »Fiscal Policy Under Low Interest Rates«, *MIT Press*, 2022.

Blinder, Alan S., Michael Ehrmann, Marcel Fratzscher, Jakob de Haan, David-Jan Jansen, »Central Bank Communication and Monetary Policy: A Survey of Theory and Evidence«, *Journal of Economic Literature* 46(4), 2008, S. 910–945.

Bofinger, Peter und Thomas Haas, »CBDC: Can Central Banks Succeed in the Marketplace for Digital Monies?«, *CEPR Discussion Paper* No. 15489, 2020.

Borchardt, Knut, »Die Erfahrung mit Inflationen in Deutschland«, *Enteignung durch Inflation? Fragen der Geldwertstabilität*, herausgegeben von Johannes Schlemmer, Piper Verlag, München 1972, S. 9–22.

Borchardt, Knut, »Das Gewicht der Inflationsangst in den wirtschaftspolitischen Entscheidungsprozessen während der Weltwirtschaftskrise«, *Die Nachwirkungen der Inflation auf die Deutsche Geschichte 1924–1933*, herausgegeben von Gerald D. Feldman und Elisabeth Müller-Luckner, R. Oldenbourg Verlag, München 1985, S. 233–260.

Borgonovo, Emanuele, Stefano Caselli, Alessandra Cillo, Donato Masciandaro und Giovanni Rabitti, »Money, Privacy and Anonymity: What Do Experiments Tell Us?«, *Journal of Financial Stability* 56 (100934), 2021.

Born, Benjamin, Michael Ehrmann und Marcel Fratzscher, »Central Bank Communication on Financial Stability«, *Economic Journal* 124 (577), 2014, S. 701–734.

Braun, Reiner und Markus M. Grabka, »Die Sozialkaufprämie – Ein Vorschlag zur Ergänzung der Immobilienförderung in Deutschland«, *DIW Wochenbericht* Nr. 27, 2021, S. 481–487.

Brunnermeier, Markus K. und Dirk Niepelt, »On the Equivalence of Private and Public Money«, *Journal of Monetary Economics* 106, 2019, S. 27–41.

Brecht, Bertolt, »Denn wovon lebt der Mensch?«, *Die Dreigroschenoper*, Der Erstdruck 1928. Mit einem Kommentar herausgegeben von Joachim Lucchesi, Suhrkamp Verlag, Frankfurt am Main 2004, S. 67.

Brunnermeier, Markus K., Harold James und Jean-Pierre Landau, »The Digitalization of Money«, *BIS Working Paper Series* 941, 2021.

Buch, Claudia, »COVID-Related Fiscal Measures and Debt Sustainability«, Deutsche Bundesbank, 20. April 2021.

Bucher-Koenen, Tabea und Caroline Knebel, »Finanzwissen und Finanzbildung in Deutschland: Was wissen wir eigentlich?« *ZEW Discussion Papers* No. 21–016, 2021.

Buslei, Hermann, Johannes Geyer und Anna Hammerschmid, »Gesetzliche Rente über dem Grundsicherungsniveau: Zahl der nötigen Beitragsjahre stark gestiegen«, DIW *Wochenbericht* Nr. 26, 2020, S. 467–476.

Buslei, Hermann, Björn Fischer, Johannes Geyer und Anna Hammerschmid, »Das Rentenniveau spielt eine wesentliche Rolle für das Armutsrisiko im Alter«, DIW *Wochenbericht* Nr. 21/22, 2019, S. 375–383.

Carapella, Francesca und Jean Flemming, »Central Bank Digital Currency: A Literature Review«, *FEDS Notes*, Washington: Board of Governors of the Federal Reserve System, 9. November 2020.

Carstens, Agustín, »Digital Currencies and the Future of the Monetary System«, Remarks at the Hoover Institution Policy Seminar, Basel, 27. Januar 2021.

Carletti, Elena, Stijn Claessens, Antonio Fatás und Xavier Vives, »The Bank Business Model in the Post-Covid-19 World«, *The Future of Banking* 2, CEPR Press, 18. Juni 2020.

Daly, Kevin und Rositsa D. Chankova, »Inflation in the Aftermath of Wars and Pandemics«, *Goldman Sachs Global Economics Analyst*, 25. März 2021.

Danielsson, Jon, »Cryptocurrencies: Financial Stability and Fairness«, *VoxEu.org*, 2018.

Delacroix, Jacques und François Nielsen, »The Beloved Myth: Protestantism and the Rise of Industrial Capitalism in Nineteenth-Century Europe«, *Social Forces* 80 (2), 2001, S. 509–553.

Deutsche Bundesbank, »Negative reale Verzinsung von Einlagen kein neues Phänomen«, 2014.

Deutsche Bundesbank, »Vermögen und Finanzen privater Haushalte in Deutschland: Ergebnisse der Vermögensbefragung 2017«, *Deutsche Bundesbank Monatsbericht April 2019*, S. 13–44.

Deutsche Bundesbank, »Deutsche Staatsschulden steigen 2020 um 275 Milliarden Euro auf 2,33 Billionen Euro, Schuldenquote von 59,7 auf 70 Prozent«, Pressemitteilung, 31. März 2021.

Deutsches Historisches Museum, *Sparen: Geschichte einer deutschen Tugend*, 2018.

Die Zeit, »Die Deutschen können nicht mit Schulden umgehen«, Carl-Ludwig Holtfrerich im Interview mit Marcus Gatzke und Mark Schieritz, 10. Juni 2021.

ECB, *The International Role of the Euro*, European Central Bank, Frankfurt am Main 2021.

ECB, *Report on a Digital Euro*, European Central Bank, Frankfurt am Main 2020.

ECB, *Household Sector Report – 2021 Q2 – Quarterly Report of Financial and Non-Financial Accounts for the Household Sector in the Euro Area*, European Central Bank, Frankfurt am Main 2021.

ECB Crypto-Assets Task Force, »Crypto-Assets: Implications for Financial Stability, Monetary Policy, and Payments and Market Infrastructures«, *ECB Occasional Paper Series* No. 223, 2019.

Ehrmann, Michael und Marcel Fratzscher, »Politics and Monetary Policy«, *The Review of Economics and Statistics* 93 (3), 2011, S. 941–960.

Eichengreen, Barry, *Golden Fetters: The Gold Standard and the Great Depression, 1919–1939*, Oxford University Press, Oxford 1996.

Eichengreen, Barry, *The Populist Temptation: Economic Grievance and Political Reaction in the Modern Era*, Oxford University Press, Oxford 2018.

European Union, »Standard Eurobarometer 94 – Winter 2020–2021«, Fieldwork Date: February 2021 – March 2021, 2021.

Ferguson, Adam, *When Money Dies: The Nightmare of Deficit Spending, Devaluation, and Hyperinflation in Weimar Germany*, Public Affairs, 2010.

Fernández-Villaverde, Jesús, Daniel Sanches, Linda Schilling und Harald Uhlig, »Central Bank Digital Currency: Central Banking for All?«, *NBER Working Paper Series* No. 26753, 2020.

Fochmann, Martin, Florian Sachs, Abdolkarim Sadrieh und Joachim Weimann, »The Two Sides of Public Debt: Intergenerational Altruism and Burden Shifting«, *PloS one* Vol. 13 (8), e0202963, 2018.

Fratzscher, Marcel, *Die Deutschland-Illusion. Warum wir unsere Wirtschaft überschätzen und Europa brauchen*, Hanser Verlag, München 2014.

Fratzscher, Marcel, *Verteilungskampf. Warum Deutschland immer ungleicher wird*, Hanser Verlag, München 2016.

Fratzscher, Marcel, »Rules versus Human Beings, and the Mandate of the ECB«, CESifo Economic Studies 62 (1), 2016, S. 68–87.

Fratzscher, Marcel, »Wer wenig verdient, kann nicht sparen«, *ZEIT Online*, 6. Januar 2017.

Fratzscher, Marcel, »Der deutsche Sparirrsinn«, *ZEIT Online*, 17. Februar 2017.

Fratzscher, Marcel, »Kein Neid auf Erben«, *ZEIT Online*, 14. Juli 2017.

Fratzscher, Marcel, »Der Mythos der bösen Geldpolitik«, *ZEIT Online*, 6. April 2018.

Fratzscher, Marcel, »Das gesetzliche Rentensystem verschärft die Polarisierung«, *ZEIT Online*, 31. August 2018.

Fratzscher, Marcel, »Ein Deutschlandfonds statt Aktien für Arme«, *ZEIT Online*, 5. Dezember 2018.

Fratzscher, Marcel, *The Germany Illusion*, Oxford University Press, Oxford 2018.

Fratzscher, Marcel, »Nur Hartz IV abschaffen reicht nicht«, *ZEIT Online*, 13. Februar 2019.

Fratzscher, Marcel, »Die Geldpolitik steht vor einer Zerreißprobe«, *Handelsblatt*, 14. Juni 2019.

Fratzscher, Marcel, »Der deutsche Sparer gehört zu den Gewinnern«, *ZEIT Online*, 9. August 2019.

Fratzscher, Marcel, »Höhere Zinsen sind möglich«, *ZEIT Online*, 23. August 2019.

Fratzscher, Marcel, »Populism, Protectionism and Paralysis, Intereconomics«, *Intereconomics* 55, 1–2, 2020.

Fratzscher, Marcel, »Wer echte Investitionen will, muss die schwarze Null aufgeben« *ZEIT Online*, 17. Januar 2020.

Fratzscher, Marcel, »Wer waren noch mal die Leistungsträger der Gesellschaft?«, *ZEIT Online*, 27. März 2020.

Fratzscher, Marcel, »Millionäre entdeckt«, *ZEIT Online*, 17. Juli 2020.

Fratzscher, Marcel, »(Sehr viel) Geld macht doch glücklich«, *ZEIT Online*, 31. Juli 2020.

Fratzscher, Marcel, »Höhere Schulden wären nicht das Schlechteste«, *ZEIT Online*, 18. Dezember 2020.

Fratzscher, Marcel, »Milliardäre sind die Pandemiegewinner«, *ZEIT Online*, 20. Mai 2021.

Fratzscher, Marcel, »Ohne Rentenreform keine Generationengerechtigkeit«, *ZEIT Online*, 9. Juli 2021.

Fratzscher, Marcel, »Das Rentensystem verteilt von Arm nach Reich«, *ZEIT Online*, 20. August 2021.

Fratzscher, Marcel, »Ist ein Mindestlohn von zwölf Euro sinnvoll?«, *ZEIT Online*, 3. September 2021.

Fratzscher, Marcel, »Wieso ein Fachkräftemangel auch gut für Deutschland sein kann«, *ZEIT Online*, 17. September 2021.

Fratzscher, Marcel, »Jetzt rächt sich die fehlende Solidarität«, *ZEIT Online*, 27. November 2021.

Fratzscher, Marcel, »Das gebrochene Aufstiegsversprechen«, *ZEIT Online*, 3. Dezember 2021.

Fratzscher, Marcel, Philipp Johann König und Claudia Lambert, »Credit Provision and Banking Stability after the Great Financial Crisis: The Role of Bank Regulation and the Quality of Governance«, *Journal of International Money and Finance* 66, 2016, S. 113–135.

Fuchs-Schundeln, Nicola, Paolo Masella und Hannah Paule-Paludkiewicz, »Cultural Determinants of Household Saving Behavior«, *The Journal of Money, Credit and Banking* 52 (5), 2020, S. 1035–1070.

Fuller, Gregory W., Alison Johnston und Aidan Regan, »Housing Prices and Wealth Inequality in Western Europe«, *West European Politics* 43 (2), 2020, S. 297–320.

Galofré-Vilà, Gregori, Christopher M. Meissner, Martin McKee und David Stuckler, »Austerity and the Rise of the Nazi Party«, *Journal of Economic History* 81 (1), 2021, S. 81–113.

Galofre-Vila, Gregori, Martin McKee, Jacob Bor, Christopher M. Meissner und David Stuckler, »A Lesson from History? Worsening Mortality and the Rise of the Nazi Party in 1930s Germany«, Unpublished Manuscript, 2021.

Gehringer, Agnieszka und Thomas Mayer, »Understanding Low Interest Rates«, *Scottish Journal of Political Economy* 66 (1), 2019, S. 28–53.

Geyer, Johannes, Hermann Buslei, Patricia Gallego-Granados und Peter Haan, »Anstieg der Altersarmut in Deutschland: Wie wirken verschiedene Rentenreformen?«, Bertelsmann Stiftung, Bonn 2010.

Geyer, Johannes, Peter Haan, Hannes Kröger und Maximilian Schaller, »Pflegebedürftigkeit hängt von der sozialen Stellung ab«, *DIW Wochenbericht* Nr. 44, 2021, S. 727–734.

Goodhart, David und Manoj Pradhan, *The Great Demographic Reversal: Ageing Societies, Waning Inequality, and an Inflation Revival*, Palgrave Macmillan, Cham 2020.

Grabka, Markus M., »Einkommensungleichheit stagniert langfristig, sinkt aber während der Corona-Pandemie leicht«, *DIW Wochenbericht* Nr. 18, 2021, S. 308–316.

Grabka, Markus M. und Christoph Halbmeier, »Vermögensungleichheit in Deutschland bleibt trotz deutlich steigender Nettovermögen anhaltend hoch«, *DIW Wochenbericht* Nr. 40, 2019, S. 735–745.

Gramlich, John, »Coronavirus Downturn Likely to Add to High Government Debt in Some Countries«, *Pew Research Center*, 29. April 2020.

Gricevic, Zbignev, Karsten Schulz-Sandhof und Jürgen Schupp, »Das Spendenvolumen in Deutschland betrug im Jahr 2017 rund zehn Milliarden Euro und ist seit 2009 deutlich gestiegen«, *DIW Wochenbericht* Nr. 8, 2020, S. 103–112.

Grabka, Markus M., Timm Bönke, Konstantin Göbler und Anita Tiefensee, »Rentennahe Jahrgänge haben große Lücke in der Sicherung des Lebensstandards«, *DIW Wochenbericht* Nr. 37, 2018, S. 809–818.

Haffert, Lukas, Nils Redeker und Tobias Rommel, »Misremembering Weimar: Hyperinflation, the Great Depression, and German Collective Economic Memory«, *Economics & Politics* 33 (3), 2021, S. 664–686.

Hardach, Gerd, »Sparen in der Nullzinsphase. Privatanleger und der Kapitalmarkt in Deutschland im Ersten Weltkrieg«, *IBF Paper Series No. 02–17*, IBF – Institut für Bank- und Finanzgeschichte, Frankfurt am Main 2017.

Helliwell, John F., Richard Layard, Jeffrey D. Sachs, Jan-emmanuel De Neve, Lara B. Aknin und Shun Wang, *World Happiness Report*, Sustainable Development Solutions Network, New York 2021.

Hetzel, Robert L., »German Monetary History in the First Half of the Twentieth Century«, Federal Reserve Bank of Richmond Economic Quarterly 88 (1), 2002, S. 1–35.

Hoffmann, Mathias, Iryna Stewen und Michael Stiefel, »Growing Like Germany: How High Local Public Debt and Local Public Banks Crowd out Private Investment – and What the Debt Brake Has To Do with It«, *VoxEU.org*, 22. Mai 2021.

Holtfrerich, Carl-Ludwig, *Die Deutsche Inflation 1914–1923*, De Gruyter, Berlin 1980.

Household Finance and Consumption Network, *The Household Finance and Consumption Survey: Results from the 2017 Wave. ECB Sta-*

tistics Paper Series, European Central Bank, Frankfurt am Main 2020.

Inglehart, Ronald, Christian Haerpfer, Alejandro Moreno, Christian Welzel, Kseniya Kizilova, Jaime Diez-Medrano, Marta Lagos, Pippa Norris, Eduard Ponarin und Bi Puranen, *World Values Survey: Round Six-Country-Pooled Datafile Version.* JD Systems Institute, Madrid 2014.

James, Harold, *The German Slump: Politics and Economics 1924–1936*, Oxford University Press, Oxford 1986.

Jessen, Jonas, Sevrin Waights und C. Katharina Spieß, »Geschlossene Kitas: Mütter tragen mit Blick auf Zeiteinteilung vermutlich die Hauptlast«, *DIW aktuell* Nr. 34, 2020.

Joint Task Force of ESRB Advisory Technical Committee (ATC), ESRB Advisory Scientific Committee (ASC), and ESCB Fincancial Stability Committee (FSC), *Lower for Longer – Macroprudential Policy Issues Arising from Low Interest Rate Environment*, European Systemic Risk Board (ESRB), Frankfurt am Main 2021.

Johnson, Paula, »Global Philanthropy Report: Perspectives on the Global Foundation Sector«, Harvard Kennedy School, Cambridge 2018.

Jordà, Òscar, Katharina Knoll, Dmitry Kuvshinov, Moritz Schularick und Alan M Taylor, »The Rate of Return on Everything, 1870–2015«, *The Quarterly Journal of Economics* 134 (3), 2019, S. 1225–1298.

Kaas, Leo, Georgi Kocharkov, Edgar Preugschat und Nawid Siassi, *Reasons for the Low Homeownership Rate in Germany*, Deutsche Bundesbank Eurosystem, Deutsche Bundesbank, Frankfurt am Main 2020.

Kahneman, Daniel, *Thinking, Fast and Slow*, Penguin, New York 2012.

Kahneman, Daniel, and Amos Tversky, »Judgment under Uncertainty: Heuristics and Biases«, *Science* Vol. 185, 1974.

Kaiser, Tim, Annamaria Lusardi, Lukas Menkhoff und Carly J. Urban, »Financial Education Affects Financial Knowledge and Downstream Behaviors«, *NBER Working Paper* No. 27057, 2020.

Kemptner, Daniel und Jan Marcus, »Alleinlebenden älteren Menschen droht in Corona-Zeiten Vereinsamung«, *DIW aktuell* Nr. 45, 2020.

Kholodilin, Konstantin und Claus Michelsen, »Wohneigentumsförderung in Deutschland – Kleine Prämien mit Wirkung«, *DIW Wochenbericht* Nr. 27, 2021, S. 472–479.

Koebe, Josefine, Claire Samtleben, Annekatrin Schrenker und Aline Zucco, »Systemrelevant, aber dennoch kaum anerkannt: Entlohnung unverzichtbarer Berufe in der Corona-Krise unterdurchschnittlich«, *DIW aktuell* Nr. 48, 2020.

Kriwoluzky, Alexander und Chi Hyun Kim, »Der Fall der T-Aktie: Börsencrashs können dauerhaft Investitionsentscheidungen von Haushalten negativ beeinflussen«, *DIW Wochenbericht* Nr. 25, 2021, S. 424–429.

Kroh, Martin, Hannes Neiss, Lars Kroll und Thomas Lampert, »Menschen mit hohen Einkommen leben länger«, *DIW Wochenbericht* Nr. 38, 2012, S. 3–15.

Kuhn, Ursina und Markus M. Grabka, »Homeownership and Wealth in Switzerland and Germany«, *Social Dynamics in Swiss Society: Empirical Studies Based on the Swiss Household Panel*, herausgegeben von Robin Tillmann, Marieke Voorpostel und Peter Farago, Springer International Publishing, Cham 2018, S. 175–185.

Kumhof, Michael und Clare Noone, »Central Bank Digital Currencies – Design Principles and Balance Sheet Implications«, *Bank of England Staff Working Paper* No. 725, May 2018.

Kühne, Simon, Martin Kroh, Stefan Liebig, Jonas Rees und Andreas Zick, »Zusammenhalt in Corona-Zeiten: Die meisten Menschen sind zufrieden mit dem staatlichen Krisenmanagement und vertrauen einander«, *DIW aktuell* Nr. 49, 2020.

Lane, Philip R., »The Yield Curve and Monetary Policy«, Public Lecture for the Centre for Finance and the Department of Economics at University College London, 25. November 2009.

Lehmann-Hasemeyer, Sibylle und Fabian Wahl, »The German Bank – Growth Nexus Revisited: Savings Banks and Economic Growth in Prussia«, *The Economic History Review* 74 (1), 2021, S. 204–222.

Maß, Sandra, »Zur Politisierung der Sparsamkeit im 20. Jahrhundert«, *Aus Politik und Zeitgeschichte* 70 (48), 2020.

Mian, Atif, Ludwig Straub und Amir Sufi, »What Explains the Decline in r*? Rising Income Inequality versus Demographic Shifts«, *Becker Friedman Institute for Economics Working Paper* No. 2021–104, University of Chicago, Chicago 2021.

Nagle, Peter und Naotaka Sugawara, »What the Pandemic Means for Government Debt, in Five Charts«, *World Bank Blogs*, 11. Januar 2021.

OECD, *Inheritance Taxation in OECD Countries. OECD Tax Policy Studies*, OECD Publishing, Paris 2021.

OECD, »Housing Prices (Indicator)«, 2021.

OECD, *OECD/INFE 2020 International Survey of Adult Financial Literacy*, OECD Publishing, Paris 2020.

OECD, *How's Life? – Measuring Well-Being*, OECD Publishing, Paris 2020.

Pierenkemper, Toni, »Die Angst der Deutschen vor der Inflation oder: Kann man aus der Geschichte lernen?«, *Jahrbuch für Wirtschaftsgeschichte/Economic History Yearbook* 39 (1), 1998, S. 59–84.

Piketty, Thomas, *Capital in the Twenty-First Century*, Harvard University Press, Cambridge 2014.

Piketty, Thomas, *Capital and Ideology*, Harvard University Press, Cambridge 2020.

Rahlf, Thomas, »Deutschland in Daten. Zeitreihen zur Historischen Statistik«, Bundeszentrale für politische Bildung, Bonn 2016.

Ritschl, Albrecht, »Reparations, Deficits and Debt Default: The Great Depression in German«, *The Great Depression of the 1930s: Lessons for Today*, herausgegeben von Nicholas Crafts und Peter Fearon, Oxford University Press, Oxford 2013, S. 110–139.

Rodrik, Dani, *Has Globalization Gone Too Far?*, Institute for International Economics, Washington, DC 1997.

Rodrik, Dani, *The Globalization Paradox: Democracy and the Future of the World Economy*, Norton, New York, London 2011.

Rodrik, Dani und Stefanie Stantcheva, »The Post-Pandemic Social Contract«, *Project Syndicate*, 11. Juni 2020.

Romei, Valentina, »Global Savers' $5.4tn Stockpile Offers Hope for Post-Covid Spending«, *The Financial Times*, 13. April 2021.

Schieritz, Mark, *Die Inflationslüge. Wie uns die Angst ums Geld ruiniert und wer daran verdient*, Knaur Taschenbuch, München 2013.

Schmitz, Hans Peter und Elena M. McCollim, »Billionaires in Global Philanthropy: A Decade of the Giving Pledge«, *Society* 58 (2), 2021, S. 120–130.

Schnabel, Isabel, »Speech by Isabel Schnabel, Member of the Executive Board of the ECB, at the Juristische Studiengesellschaft«, 11. Februar 2020, Karlsruhe 2020.

Schröder, Carsten, Charlotte Bartels, Konstantin Göbler und Markus M. Grabka, »MillionärInnen unter dem Mikroskop: Datenlücke bei sehr hohen Vermögen geschlossen – Konzentration höher als bisher ausgewiesen«, DIW *Wochenbericht* Nr. 29, 2020.

Seidel, »Das Sparkassenwesen«, *Zeitschrift für die gesamte Staatswissenschaft/Journal of Institutional and Theoretical Economics* 64 (1), 1908, S. 58–107.

Statistisches Bundesamt, »Dashboard VGR – Konsumausgaben«, 2021.

Steiner, André, »Werden und Vergehen der DDR-Mark«, *Aus Politik und Zeitgeschichte* 68 (27), 2018.

Steiner, Andre, Matthias Judt und Thomas Reichel, *Statistische Übersichten zur Sozialpolitik in Deutschland seit 1945 – Band SBZ/DDR* (Forschungsbericht/Bundesministerium für Arbeit und Soziales, FB352), Bundesministerium für Arbeit und Soziales, Bonn 2006.

Tabea, Bucher-Koenen, Andreas Hackethal, Johannes Koenen und Christine Laudenbach, »Gender Differences in Financial Advice«, *SAFE Working Paper* 224 (309), 2021.

The Economist, »The $3trn Question the World's Consumers Are Sitting on Piles of Cash. Will They Spend It?«, 13. März 2021.

The Economist, »The German Problem. Why Germany's Current-Account Surplus Is Bad for the World Economy«, 8. Juli 2017.

The Economist, »Cryptocoins Are Proliferating Wildly. What Are They All for?«, 12. Juni 2021.

Tilly, Richard H., »Banking Institutions in Historical and Comparative Perspective: Germany, Great Britain and the United States in the Nineteenth and Early Twentieth Century«, *Zeitschrift für die gesamte Staatswissenschaft/Journal of Institutional and Theoretical Economics* 145 (1), 1989, S. 189–209.

Tooze, Adam J., »Who Is Afraid of Inflation? The Long-Shadow of the 1970s«, *Journal of Modern European History* 12 (1), 2014, S. 53–60.

Tokarski, Paweł und Alexander Wiedmann, »The Corona Debt Conundrum in the Eurozone Limits to Stabilisation by Monetary Policy and the Search for Alternatives«, *SWP Comment* No. 23, 2021.

Voth, Hans-Joachim, »Roots of War: Hitler's Rise to Power«, *The Economics of the Second World War: Seventy-Five Years On*, herausgegeben von Stephen Broadberry und Mark Harrison, S. 9–17, CEPR Press, London 2020.

Voth, Hans-Joachim, »Persistence – Myth and Mystery«, *Handbook of Historical Economics*, herausgegeben von Alberto Bisin und Giovanni Federico, Academic Press, London 2021, S. 243-268.

Webb, Steven Benjamin, *Hyperinflation and Stabilization in Weimar Germany*, Oxford University Press, Oxford 1989.

Westermeier, Christian und Markus M. Grabka, »Real Estate Price Polarization Projected to Increase until 2030 in Germany«, *DIW Economic Bulletin* 7 (25/26), 2017, S. 245–253.

Wirtschaftswoche, »Der Kurs der ältesten Kryptowährung in der Chronologie«, 24. November 2021.

Zweig, Stefan, *Die Welt von Gestern*, Bermann-Fischer, Stockholm 1944.